LA코리아타운의 역사

미국 LA 코리아타운 창시자 김진형 박사의 증언

LA코리아타운을 만들고
코리안축제와 퍼레이드를 창시한
김진형 코리아타운번영회 초대회장이
가슴속에 묻어 두었던 이야기

1972년 12월 8일에 시작하여 1980년 12월 8일, 8년 만에
유학생 김진형은 LA에 최초로 코리아타운을 만들었다.

LA코리아타운의 역사

미국 LA 코리아타운 창시자 김진형 박사의 증언

LA코리아타운의
올바른 역사를 남기기 위하여…

이 글은 필자 김진형이 미국에서 보낸 55년, 그 가운데에서도 LA코리아타운을 만들기 위해 동분서주하며 겪었던 일들을 중심에 두고 있다. 미국이민사에서 매우 중요한, LA 최초의 코리아타운 탄생이 어떤 과정을 통해 이루어졌는가를 제대로 알리기 위해 글을 쓸 결심을 하였지만 필자가 LA코리아타운을 만든 당사자이기 때문에 자칫 자화자찬으로 비칠까 염려스러워 그동안 망설여왔던 것도 사실이다.

벌써 오래 전 이야기를 지금에 와서 굳이 밝히려는 데에는 필연적인 이유가 있다. 그동안 자기가 코리아타운을 만들었다는 왜곡된 자서전을 내는 사람들이 있고 언론에도 그렇게 비치고 있다며 주변에서 이를 시정해야 한다고 권했지만 애초에 이름을 내려고 한 일이 아니었기에 시비꺼리를 만들고 싶지 않아서 덮어두었다. 그런데 이번에는 한국에서 발간된 '재외동포사'란 해외동포 역사서의

'미국편'에서조차 잘못된 역사를 기술하고 있는 것을 발견하고 충격을 받았다. 역사서란 우리 자손 대대로 읽는 사료이므로 정확한 자료와 사실에 근거하여야 하는 것이 기본이다. 따라서 혹시 필자 개인의 치적을 자랑한다는 오해를 받는다 하더라도 역사를 정확하게 바로 잡는 것이 옳다는 생각에서 그 간의 증거자료와 사진들을 제시하며 이 글을 쓰게 되었다.

2023년 필자의 나이 90인데도 다행히 글을 쓸 수가 있어서 직접 컴퓨터 앞에 앉아 그간의 어려웠던 일들을 가감 없이 적어 보았다. 필자는 본문에서 자신을 객관화하기 위하여 '나는'이란 표현 대신에 '김진형'이란 이름을 넣었다. 그리고 코리아타운과 관련하여 등장하는 많은 사람들의 실명을 밝히되 감정을 배제하고 최대한 객관성을 유지하려고 애를 썼다. 코리아타운을 만들자고 처음 아이디어를 냈을 때부터 사사건건 반대하고 괴롭히며 때로는 파렴치한 행위를 일삼았던 사람들의 행적을 이제 와서 들추고 싶진 않지만 정확한 정황을 알리기 위한 차원에서 그들의 잘못을 최소화하여 기록으로 남긴다.

나이 아흔에 새삼스럽게 명예를 얻고자 함도 아니요, 또한 그동안 대의를 따르지 않고 자신들의 감정과 이익을 좇아 코리아타운 형성과 코리안 퍼레이드와 한인축제 창설에 혼신의 힘을 다하던 필자를 모함하고 비난하던 사람들에게 뒤늦은 분풀이를 하려는 것도 아니다. 다만, 한 유학생이 1960년대 후반에 미국이란 낯선 땅에서 살아남기 위해 몸부림치던 동포들의 어려움을 목도하면서 이를 제도적으로 개선시킬 방안으로 '코리아타운'이라는 아이디어를 생각했고, 모두들 시기상조라고 반대만 할 때 흔들림 없이 추진하여 단 8년 만에 목표를 이룬 이야기를 밝힘으로써 지금 이 어려운 시대를 살아가는 젊은이들에게 아무리 어려운 상황에서도 의지만 있다면 '할 수 있다'는 꿈과 희망을 주고 싶은 마음이다.

직장생활을 하다가 미국으로 유학을 떠난 30대 중반의 늦깎이 유학생이긴

했지만 지금 돌아보면 어떻게 학생 신분의 젊은 나이에 코리아타운을 만들어야 겠다는 생각을 했는지, 당시 한인회의 지도자들과 언론사 등 영향력 있는 어른들이 죄다 '돈키호테 같은 놈'이라고 극렬하게 반대하는 속에서도 의지를 꺾지 않고 직진하여 기어이 LA시의회로부터 코리아타운 설정의 공식허가를 받아냈는지 사실 그 과정 하나하나가 극적이고 기적 같다. 이 드라마틱한 필자의 경험이 부디 우리 젊은이들이 살아가면서 어려움에 부딪칠 때 용기를 내는 데에 도움이 된다면 더 바랄 나위가 없겠다.

끝으로 이 글을 쓰는데 전적으로 도움을 주며 자료를 제공해준 LA한인역사박물관 민병용 관장님과 외롭게 투쟁할 때 필자를 지지하고 응원해준 많은 지인들, 이 글을 다듬고 정리하여 좋은 책으로 나올 수 있게 애써준 도서출판 윤진에 감사의 말씀을 드린다. 구순의 나이가 되어 오랫동안 가슴에 품었던 이야기를 털어놓으니 마음이 가볍다. 그렇지만 혹시 부족한 점이 있다면 나이 탓이려니 너그럽게 받아주시기를 부탁드린다.

언제나 물불 가리지 않고 시간과 자비를 들여가며 코리아타운 형성을 위해 헌신하는 남편을 믿어주고 지원해준 하늘에 있는 아내 김명자와 사랑하는 LA동포에게 이 책을 바친다.

LA에서 저자 **김 진 형**

차례

제4장 코리아타운의 꿈을 이루다

코리아타운의 태동 1972-1980

제1장 | 평양에서 부산,
서울, 도쿄
그리고 LA

평양에서 태어나다

김진형은 1933년에 평양의 대부호 김중섭(金仲燮)의 귀한 장손으로 태어났다. 할아버지의 사랑을 받으며 부유한 어린 시절을 보냈지만 1945년에 해방을 맞이하면서 모든 것이 달라지기 시작했다. 초등학교 5학년이 되던 해였다. 김일성(金日成)이 평양에 입성하자 북조선 인민위원회라는 임시정부 기관이 설치되더니 1946년에 토지개혁을 시작하여 많은 지주들을 무참히 살해하고 무상으로 토지를 빼앗았다. 평양의 부르주아 (Bourgeois) 1차 숙청(肅淸)에서 할아버지와 부친은 다행히 목숨을 건졌지만 재산은 모두 몰수(沒收)당하여 일시에 거지 신세가 되었다.

그 후 남한의 고등학교에 해당하는 제1고급중학교 2학년에 진급하던 1950년에 김일성은 6·25전쟁을 일으켜 남한의 경상남북도를 제외한 모든 지역을 점령하였다. 그러나 UN군이 전쟁에 참전하여 국토를 회복하고 국군과 UN군이 북한의 북단 압록강까지 진격하자 곧 남북통일이 되는 줄 알았다. 이때 느닷없이 중공군이 인해전술(人海戰術)로 6·25전쟁에 참전하면서 국군과 UN군이 후퇴하자 김진형 가족도 피난민들이 남하하는 행렬에 끼었다.

1950년 12월 4일, 엄동설한에 평양을 떠난 17살의 김진형은 걷고 또 걸어서, 때로는 가다섰다 하는 느림보 화물기차 지붕에 오르기도 하면서 간신히 부산 땅에 도착했다. 그러나 그곳에는 이북에서 남하(南下)한 수많은 피난민들이 대거 몰려들어 모두가 가난에 허덕이고 있었다. 김진형도 처음에는 부산 부두에서 노동을 했다. 그리고는 저녁부터 밤늦게까지는 부산의 문화극장 건너편 국제시장 입구에서 좌판을 펴고 전지 장사를 했고 낮에는 송도 모래사장에 세운 천막학교

일본 아다미 온천장에서 아내, 두 아들과 함께.

인 용산고등학교를 다니며 학업을 계속하였다.

국제관광공사 도쿄 주재원

이북에서 무일푼으로 남하한 가족은 극심한 가난에 시달렸다. 김진형도 등록금
이 없어 휴학을 하고 지원병으로 군에 입대하여 병역의무를 마치고 29세가 되는
1962년에야 겨우 서울대학교 문리대를 졸업했다. 다행스럽게도 1963년 초에 한
국의 국영기업체인 국제관광공사(현 한국관광공사)에 취직이 되어 오재경 총재
와 오 총재의 후임인 김일환 총재의 비서로 계속 근무하게 되었다. 그러던 중 일본
어를 잘한다는 것이 알려져 국제관광공사 도쿄사무소의 주재원으로 발령받고

도쿄로 파견되었다.

　김진형은 도쿄에서 근무하는 동안 퇴근하면 도쿄의 재력가인 재일동포 고모부의 사무실로 달려가 고모부의 일을 도와주는 부업으로 풍족한 보수를 받았다. 그리하여 1968년 초까지 꽤 많은 돈을 저축할 수 있었다. 그런데 본국에서 들려오는 소식에 의하면 일본 주재원으로 오고 싶어 하는 관광공사 직원 두 세 명이 후보자로 지목되고 김진형이 곧 교체될 것이라고 했다. 주재원 교체 소식이 들려오자 김진형은 미국 유학을 결심했다.

　사실 오래전부터 선진국인 미국으로 유학 가고 싶다는 꿈을 갖고 있었다. 6·25 전쟁 당시 부산에서 피난민 생활을 하면서 교회에서 미군 목사님들이 나누어 주는 구호품을 받을 때마다 너무나 감사한 마음이 들었고, 언젠가 나도 어려운 사람을 도와주는 일을 하고 싶다는 생각을 갖게 되었던 것. 미국에서 종교학을 전공하고 돌아와 종교계에서 일하고 싶었다. 물질도 중요하지만 그 당시 모두가 가난에 허덕이다 보니 범죄가 범람하는 사회를 기독교의 정신으로 정화(淨化)하는 일을 하고 싶었던 것이다.

30대 중반의 나이지만 아직 늦지 않았다고 생각했다. 이대로 한국으로 돌아가면 유학길에 오르기가 더 어렵겠다는 생각에 1968년 7월, 일본에서 관광비자로 잠깐 LA를 방문하고 돌아와 유학 가기 위한 준비를 서둘러 마쳤다. 당시만 해도 한국 국민이 미국에 간다는 것은 하늘의 별을 따는 것처럼 어렵던 시절이었다. 그러나 일본 주재원 시절의 업무가 관광 사업이어서 여행자들의 수속을 돕는 일을 많이 하다 보니 미국 대학 수속도 쉽게 해결할 수가 있었다. 관광공사에 사표를 내고 드디어 1968년 9월 28일, 가족과 함께 LA에 도착하였다. 서른다섯의 나이였다. 물론 그 당시에는 공부만 마치면 한국으로 돌아갈 생각이었다. 그때까지만 해도 55년이 흐른 지금까지 미국인이 되어 LA에서 살아가게 될 줄은 꿈에도 상상하지 못했다.

1968년 미국 LA로 유학

김진형은 6·25 피난 시절 부산에서 미군 군목들이나 선교사들이 교회에서 구호품을 나누어 주며 인자한 얼굴로 피난민들을 돌봐 주는 인간미에 커다란 감명을 받았다. 당시 헐벗은 피난민들에게 구호품을 나누어 줄 때 김진형은 겨울철 추위를 이겨낼 수 있는 두터운 점퍼(Jumper)를 받고 얼마나 고마웠는지 잊을 수가 없

용산고등학교 3학년 때 6남매가 함께.

었다. 선교사들이 천사처럼 보였다. 그들처럼 남을 돕는 삶을 살리라 결심하고 그때부터 막연히 꿈꾸었던 미국 유학이 드디어 현실이 되었다. 당시에 김진형은 인류애를 위해 언제든지 헌신하고 희생할 수 있다는 마음가짐을 갖고 사는 독실한 기독교 신앙인이었다.

그런데 실제로 미국에 와서 보니 우리 한인들의 삶이 너무나 비참하였다. 언어가 통하지 않아 한국에서 고등교육을 받은 사람들도 미국의 최하층 계급으로 떨어져 막노동에 시달리거나 체류기한이 지나 불법 체류자의 신분으로 떳떳하게 나서지도 못하고 숨어서 어렵게 사는 동포들이 부지기수였다. 빨리 학위를 받고 한국으로 돌아가려던 생각을 잠시 접고 우선 우리 동포들을 돕는 것이 급선무라는 생각이 들었다. 동포들을 도울 방법을 고민하던 차에 떠오른 대책이 바로 코리아타운의 형성이었다. LA에 코리아타운을 만들면 한인 커뮤니티가 형성되어 생

서울대학교 문리과대학 불어불문학과 졸업식에서 친구 박택현과 함께.

활이 편리해지고 한인들의 권익을 위한 목소리도 낼 수 있어 미국 사회에 영향력을 행사할 수 있을 것이라는 점에 착안한 것이다.

그런데 코리아타운 형성이라는 아이디어는 기존의 한인 사회지도층의 극심한 반대에 부딪치고 말았다. 시기상조라는 이유였다. 그러나 김진형은 어려서부터 한번 마음을 먹으면 끝까지 노력하여 목적을 이루는 성격이었다. LA의 한인사회에서 반드시 해야 할 가장 중요한 일을 시기상조라는 소극적인 이유를 들며 반대하는 사람들을 이해할 수가 없었다. 기성세대의 격한 반대에도 불구하고 몸 바쳐 일하다 보니 순식간에 몇 년의 세월이 흐르면서 결국 유학생 김진형은 학업을 중단하게 되었고 영구히 미국에 주저앉게 되고 말았다.

지금의 LA동포들을 보면 50년 전과 비교할 때 상전벽해란 말을 실감하며 보람을 느끼지 않을 수 없다. 한편으로는 세상일이 돌고 돌아 선의(善意)는 보답을 받는다는 생각도 든다. 1970년에 페퍼다인대학교 대학원 종교학과에 재학하고 있었지만 코리아타운 만들기를 시작하면서 여러 가지 복잡한 사안에 휘말리어 매일같이 너무나 바쁘게 살다 보니 학업을 미루고 또 미룰 수밖에 없었다. 한인 커뮤니티의 복잡한 일에 직면하면서 그것부터 해결하려다 보니 자꾸 미루던 학업을 결국에는 중단하고 말았다. 그런데 못내 아쉽던 학업에 대한 미련이 오랜 시간이 흐른 후 한국의 충남 서산에 있는 한서대학교에서 명예 행정학 박사학위를 수수(授受)하면서 해소되었다. 비록 명예박사이긴 하지만 그때 이루지 못한 학업에 대한 보상으로 느껴지면서 깊은 감회에 젖지 않을 수 없었다. 또한 개인적인 일은 제쳐두고 오랫동안 한인사회를 위한 일에 열정을 바치니 미국 주류사회에서 인정받게 되면서 경찰 허가담당 커미셔너와 노인복지국 커미셔너 등 명예로운 직책이 주어져 왕성하게 활동하게 되고, 이런 직책이 또한 한인사회의 여러 문제 해결에 도움이 되는 선순환을 가져왔다.

그러나 큰일을 해나갈 때 어찌 평화로울 수만 있겠는가? 멀리 항해하는 배가 풍파 없이 갈 수 없는 것처럼 큰 뜻을 펼치려 하면 항상 파도가 높았다. 그러나 결국 배는 목적지에 닿았고 파도는 스스로 잦아들었다. 아흔이 되어 뒤돌아보면 젊은 날에 파도를 두려워하지 않았던 까닭은 옳다는 확신과 당당한 신념이 있었기 때문이었다. 나 개인을 위한 일이 아니어서 떳떳할 수 있었던 것 같다.

제2장 | LA코리아타운
설계

1970년대 LA 한인사회

1970년대 당시 LA에는 미국에 가서 돈을 벌어 가족을 먹여 살리겠다는 마음으로 어쩌다 힘들게 얻은 미국행 기회를 잡아 고국을 떠난 사람들이 많았다. 6·25 전쟁을 겪은 가난한 조국에 일자리가 없으니 아메리칸 드림을 갖고 미국에 와서 기약 없이 오랜 세월 기러기 아빠가 되어 막노동을 하며 살고 있는 사람들도 상당수였다. LA주재 한국총영사관은 LA에 사는 한인의 수를 4~5만 명이라고 추산하고 있었다. 그들 가운데에는 체류기한이 넘어 불법체류자의 신분이거나 영어 소통이 불편한 사람들이 많았는데 그런 이유 때문에 한국에서 고등교육을 받은 엘리트들도 좋은 직장을 얻지 못하고 막노동에 시달리는 사람들이 꽤 많았다.

이들을 보면서 김진형은 다른 민족의 커뮤니티처럼 우리 한인들도 코리아타운을 만들면 좋겠다는 생각을 하게 되었다. 코리아타운이 생기면 한인 집단의 힘을 가시화할 수 있으니까 미국 정치인들을 움직여 정부의 사회보장 혜택도 받고 우리의 어려운 문제들을 정치적으로 해결하고 우리의 권익도 주장할 수 있지 않을까 하는 생각을 하게 된 것이다. 김진형은 어떻게든 미국에서 고향과 가족을 그리며 하루하루를 쓸쓸히 힘들게 사는 미국 속의 한인 동포들을 돕고 싶었다. 독실한 기독교인이기도 했고 6·25 전쟁 때 평양에서 피난민으로 죽을 고생을 하며 남하한 경험을 가졌기에 '나의 한 목숨 나라와 민족을 위하여 언제든지 초개(草芥)같이 버릴 수 있다'는 신념을 가진 열혈(熱血) 애국 청년이었다.

때마침 1970년대 미국의 국가정책도 멜팅 팟(Melting Pot)에서 샐러드 보올(Salad Bowl)로 기울고 있었다. '멜팅 팟'은 미국이란 거대한 가마솥에 각기 다른 민족의 각기 다른 문화와 전통을 모두 녹여 새로운 미국 시민으로 탈바꿈하도록

해야 한다는 이론이다. 이에 반하여 '샐러드 보올'은 샐러드 그릇에 담긴 각양각색의 야채들이 서로 혼합되어도 각자의 고유한 맛을 유지하듯 미국 속에 사는 각기 다른 민족이 자기 민족의 개성과 전통을 그대로 유지하면서 어울려 함께 사는 것을 뜻한다. 바야흐로 미국의 분위기는 샐러드 보올로 흘러가는데 우리 민족은 그 때까지 별다른 혜택을 입지 못하고 있는 상황이었다.

당시 LA에는 시의원이 15명이었다. 그들은 각자 보통 약 20명씩의 보좌진을 거느리고 있었는데 그 중 한인 보좌관은 단 한명도 없었다. 그런 상황이니 LA시 의원들은 한인들이 LA에 살고 있는지조차 인식하지 못하는 정도였고 따라서 LA 정가에서 한인의 존재란 전혀 관심 밖의 일이었다. LA의 한인을 대변할 단 한사람의 정치인도 없는 상황을 보면서 "4~5만 명이나 되는 한인들은 왜 정치인을 한명도 배출하지 못하나?"하는 생각에 김진형은 답답함을 참을 수가 없었다. 그런데도 당시 한인 지도자라고 자처하는 사람들은 자기들끼리 모여 우물 안의 개구리처럼 지낼 뿐 미국의 정책이 '샐러드 보올' 이론으로 기울고 있는 변화조차 모르는 것 같았다.

한인 대표기관과 한인교회의 역할

1970년대 당시 한국정부를 대표하는 기관으로는 LA주재 한국총영사관이 있었다. 윌셔(Wilshire) 거리 서쪽에 있는 라브레아(La Brea) 거리 근방 고층 건물 11층에 세 들어 있었는데 국가를 대표하는 외교기관일 뿐, LA거주 한인들의 어려운 생활을 돕는 기관은 아니었다. 그밖에 임의단체로는 LA한인을 대표한다고 자처하던 '남가주한인거류민회'란 단체가 있었는데 뒤에 LA한인회로 명칭을 바꾸었다. 주로 유학생이었다가 미국에 눌러앉은 사람들이 하와이 이민2세들과 어울려 LA한인을 대표한다는 모임이었다. 그들은 버몬 거리(Vermont Avenue) 동쪽에서 두 블록 떨어진 올림픽 거리(Olympic Boulevard)에 조그마한 단층 빈 가게에 세 들어 있었다. LA한인들을 대표한다고 했지만 수많은 어려운 한인들에게 도움을 줄 힘도 없고 불법체류자 신분으로 숨어사는 한인들의 법적 지위를 해결할 힘도 없는 단체였다.

다행히도 당시 미국은 경제적으로 호황이어서 일손이 턱없이 부족한 상황이었다. 기업의 생산업체들이나 농가에서는 영어 소통이 안되더라도 일을 할 수 있는 막노동에 남미 계통의 밀입국자들을 대거 채용하고 있었고 이런 가운데 한인들도 섞여서 막노동에 종사하며 살고 있었다. 미국 정부로서는 일손이 모자라는 형편이어서 그랬는지 이민국에서 불법체류자 단속이 심한 편은 아니었다. 따라서 불법체류자 신분에 관계없이 영어 소통이 필요 없는 막노동 일자리는 얼마든지 넘쳐나고 있었다. 그런 가운데 당시 LA 남쪽에 살던 흑인들이 북쪽으로 이주하는 추세여서 백인들이 주거지를 더 북쪽으로 이동하고 있었다. LA시를 크게 남북으로 가르는 대로인 올림픽 거리까지 흑인가가 북상하자 백인가(白人街)가 올림픽 대로를 경계로 모두 북상하는 바람에 올림픽 거리에는 폐점한 상점들이 줄을 잇고 있었다.

LA한인들을 대표한다는 남가주 한인거류민회와 달리 단체라고 할 수는 없지만 한인들을 돕는 역할을 직접 담당하는 곳이 있었으니 바로 한인교회였다. 미국교회가 아침예배를 마치면 교회가 비는 시간대에 교회 건물을 임대하여 오후에 예배를 드리는 한인교회들이 곳곳마다 존재했다. 목사님들은 하나님을 섬기는 일이 주목적이지만 영어가 불통인데다가 대부분이 체류기한이 끊어져 불법체류자가 된 한인들의 고충을 덜어주는 일도 겸했다. 한인교회가 구호기관의 역할을 했던 것이다. 그러므로 당시 LA의 한인들은 교회 신자이건 아니건 한인들을 만나고 고국의 소식도 듣고 미국의 생활정보도 들을 수 있어서 일주일에 한번 일요일에는 모두가 교회에 모이곤 하였다.

코리아타운 설립의 필요성

김진형은 우리 한인들도 코리아타운을 세우고 커뮤니티를 형성하여 그를 배경으로 미국의 주류사회에 나가서 그들과 어깨를 나란히 하고 우리의 권익을 주장해야 한다는 생각을 멈출 수가 없었다. 그렇다면 당장에 무슨 방법이 있을까? 굳이 광대한 땅을 매입하여 한꺼번에 입주시키지 않아도 어떤 지역을 선정하여 한국적인 분위기를 조성하면 한인들이 자연스레 그곳에 모일 것이고, 그 지역으로 한인들이 거주지를 옮기게 되면 어렵지 않게 코리아타운이 형성될 수 있지 않을까? 김진형이 남들보다 조금 더 폭넓은 관점을 가질 수 있었던 데에는 미국에 오기 전에 국제적인 행사를 치른 경험이 바탕이 되었다.

김진형이 대학을 졸업하고 국제관광공사에 입사하였을 당시 오재경 총재가 서울에서 PATA(Pacific Area Travel Association) 총회를 개최했다. 태평양 연안의 모든 관광업에 종사하는 회원국 손님들이 한국에 올 때 김진형은 PATA 사무국에 차출되어 국제행사를 진행하는 업무를 맡은 적이 있었다. 그 일로 국제행사의 경험을 쌓았고 오재경 총재의 눈에 띄어 오 총재의 비서로 발탁되었다.

그런 경험을 살려 시작이 반이라는 격언을 되새기며 코리아타운 세우기 사업을 추진할 것을 결심하고 내심 코리아타운이 될 만한 지역을 매일 같이 찾고 다녔다. 코리아타운을 세우는 길만이 미국 속 한인들의 위상을 한 단계 도약시킬 수 있는 계기가 될 것이라 굳게 믿었기 때문이다. 김진형에게는 관광공사 도쿄주재원으로 일할 때부터 미국에 유학가면 일하지 않고 학교생활에만 전념할 생각으로 모아둔 돈이 있었다. 그 돈을 코리아타운 형성을 위해 쓰기로 작정하고 "코리아타운 형성이란 대명제 (大命題)가 우리 민족을 위한 애국사업이다"라는 생각으로 과감하게 일을 추진해나갔다.

김진형은 1968년 가을 미국에 도착한 후 1년간은 어린 두 아들을 초등학교에 입학시키고 미국생활에 적응하는 시간을 보냈다. 1970년이 되어 어느 정도 미국생활이 안정되자 페퍼다인대학교 대학원 종교학과(Pepperdine University Graduate School Religious Studies)에 등록을 마치고 열심히 종교학을 공부하는 유학생 신분이 되었다. 당시 서울대학교 문리과 대학 선배인 양회수(梁會璲-전 국회의원)란 분이 학과는 다르지만 페퍼다인 대학원에 함께 등록하여서 가깝게 지내며 한인들도 다른 민족들, 특히 같은 동양인인 중국이나 일본인들처럼 타운을 형성해야 한다는 이야기를 꺼냈다. 우리도 코리아타운을 세워야 한인들이 편리한 생활을 영위할 수 있고 미국 정치인들을 움직일 수 있는 힘을 가진다는 의견을 나누었는데 양회수 선배마저 코리아타운에 대하여는 '한인들 모두가 뿔뿔이 흩어져 어렵게 사는 형편들인데 아직은 힘들지 않을까?'라고 반문하곤 하였다.

한인 목사님들이나 한인 단체장들도 마찬가지였다. 만날 때마다 항상 우리 민족도 코리아타운을 세워야 미국 속에서 우리의 권익을 주장하며 살아남을 수 있다고 역설하곤 하였지만 그럴 때마다 엄두도 낼 수 없는 엄청나고 터무니없는 망상을 하는 사람으로 쳐다보는 느낌이 완연하였다. 그러나 김진형은 자신이 있었다. 어떤 한 지역을 미래의 코리아타운으로 정하고 그 지역에 집중적으로 한글 간판을 많이 붙이면 한인들이 자연스레 그 고장에 모여 살게 되면서 코리아타운이 형성될 것이란 계산을 했던 것이다. 왜냐하면 도쿄에서부터 알던 일본인 친구 기무라(木村)를 일본타운에서 만났는데 그가 LA의 일본타운과 중국타운 그리고 멕시칸타운의 형성 과정을 이야기해 주었기 때문이다.

약 200년 전 미국의 서부개척 시대에 미국의 철도회사가 다운타운 동쪽에 유니온(Union)이란 기차 정거장을 만들고 철도를 놓는 작업을 하면서 노동자들을 모집했다. 그러자 가난한 멕시코 출신 농부들이나 일본인과 중국인 농부들이 농사일보다 더 후한 임금을 주는 철도 설치 노동을 하게 되었다. 그들은 매일같이 노동을 하기 위하여 유니온 정거장 근처에 천막을 치고 살았다. 멕시코 사람들은 그들끼리, 일본 사람들은 일본 사람들끼리 그리고 중국인들은 중국인들끼리 집단으로 모여 천막을 쳤다. 그렇게 살다 보니 필요에 따라 천막 앞에 방도 붙여 서로 소통하고 그것이 오랜 세월이 지나며 점점 발전하여 오늘날 유니온 정거장 근방에 타운이 형성되었다는 것이다. 김진형은 이런 이야기를 듣고 어떤 한 곳을 정하여 한글간판을 거리에 많이 달고 한국적인 분위기를 조성하면 4~5만 명의 한인들이 그 고장에 점차 모이게 되면서 코리아타운이 자연스레 형성될 것이란 생각을 했다.

그러나 아무리 코리아타운을 형성해야 한다고 강력히 주장하여도 LA의 한인지도자나 언론인이라고 자처하는 사람들, 그리고 LA주재 대한민국 총영사관 사람들까지도 시기상조라며 반대했다. 코리아타운을 만들려면 광대한 대지를 구입하여야 하는데 그런 자금이 어디에서 나오느냐고 반박하면서 아예 상대도 하지 않으려 했다. 그럴수록 김진형은 미국의 밑바닥인 하급계층에서 고된 노동을 하며 살고 있는 한인들의 지위를 끌어 올리고 법적 지위 향상을 하려면 한글간판들이 즐비한 코리아타운을 만들어야 한다는 신념이 더욱 불타올랐다.

코리아타운 후보지 물색

1972년 7월, 김진형은 미래의 코리아타운이 될 만한 지역을 찾느라고 매일같이 LA다운타운과 가까운 지역을 맴돌고 있었다. 그러던 어느 날 LA시내 올림픽 거리 선상에 있는 킹슬리 거리 남서쪽 코너의 2층짜리 건물 아래층 오른쪽에 올림픽마켓이라는 간판이 붙어 있는 가게에서 한인들이 나오는 장면을 목격하였다. 호기심에 자동차를 멈추고 그 가게에 들어가니 이희덕이라는 한인이 주인이었다. 그와 잠깐 대화를 나누었다. 본래 일본인이 경영하던 가게인데 나성영락교회 김 장로란 분이 샀다가 가게가 잘 되지 않아 매물로 나온 것을 이희덕 사장이 되사서 장사를 하고 있다는 것이었다. 김진형은 그날부터 혹시 미래의 코리아타운 지역으로 어떨까 싶어 며칠 동안 그 지역을 샅샅이 살펴보았다. 약 열흘간의 조사 끝에 김진형이 내린 결론은 이러했다.

우선 중국타운이나 일본타운 정도의 규모가 될 지역을 찾았다. 그 결과, 동쪽에서 서쪽으로는 버몬 거리(Vermont Avenue)에서 웨스턴 거리(Western Avenue)까지 약 1마일(Mile), 남쪽에서 북쪽으로는 LA의 간선 도로인 올림픽 거리(Olympic Boulevard)에서 북쪽으로 올라가 8가 거리 (8th Street)까지 4블럭, 이렇게 4각형을 미래의 코리아타운 지역으로 구상해 보았다. 그 지역 한 가운데로는 남북으로 달리는 노르만디 거리(Normandie Avenue)라는 큰 거리가 있어서 교통이 편리하여 누구나 찾기 쉬운 지역이었다.

이 지역을 미래의 코리아타운으로 구상하게 된 이유로 첫째, 그 지역 일대에는 고층 건물이 없어서 개발하기 쉽고 둘째, 올림픽대로변의 땅값이 1스퀘어피트 당 미화 4달러로 부동산값이 싼 지역이어서 한인 상인이 세 들기에 무리가 없었다. 셋째, 그 지역 거리 일대는 빈 상가가 너무나 많아서 한인 상가 형성이 용이한 점

넷째, 올림픽식품 길 건너에는 호바트초등학교(Hobart School)가 있어서 자녀 교육문제가 편하고 다섯째, 자동차로 LA시청이 있는 다운타운까지는 15분 거리이고 여섯째, 자동차로 5분 거리에 고속도로 출입구가 버몬 거리, 노르만디 거리, 웨스턴 거리 세 곳 대로에 모두 자리 잡고 있어서 교통이 편리하여 누구나 쉽게 찾아올 수 있고 일곱째, 올림픽 거리와 노르만디 거리에 닿아 있는 아드모어 시립공원(Ardmore Recreation Center)이라는 휴식 공간이 있다는 점 여덟째, 주변아파트 임대료가 비교적 저렴하여 한인들의 입주가 용의한 점 등이었다.

무료 한글간판 달아주기 운동

김진형은 코리아타운을 형성할 자리로 작정한 지역에 서점을 개업하면서 반드시 코리아타운을 세울 것을 결심했다. 일단 올림픽식품이 세 들어 있는 건물의 왼쪽 빈 가게를 얻어 서점을 열면서 한인들이 미국에서 살기 위하여 필요한 영어회화 교본이며 당시 모든 사람들이 애용하던 영어회화 카세트테이프와 당시 유행하던 LP영어회화 레코드 등을 한국의 시사영어사에서 다량으로 구입하였다. 그리고 '한국서적센터'란 간판을 건물 벽에 크게 써 놓고 교양서적을 겸하여 판매하였다. 당시는 한글간판상이 없어서 서예와 그림에 소질이 있던 김진형은 사다리를 타고 올라가 직접 한글간판을 써 달았고 옆 가게 이희덕 사장도 한글간판을 써달라고 하여 써 주었다. 그리고는 반 불럭 쯤 떨어진 곳에 자리한 일본인 이발소와 중국인 세탁소를 찾아가 '이 고장에 한인들이 많이 사니까 한글간판을 무료로 써 줄 테니 가게에 달면 한인 손님들이 많이 찾아 올 것'이라고 설득, 중국인 세탁소와 일본인 이발소에도 한글간판을 써주었다.

그 다음에는 같은 교회에 다니는 은퇴한 정봉자 박사에게 한국서적센터가 세 들어 있는 건물 2층이 비어 있으니 한인들에게 영어를 가르치는 영어강습소를 오픈하시라고 권유하여 정봉자 박사의 영어강습소가 개설되었다. 또한 같은 교회 교우인 황한경이란 분은 한국에서 회계사 자격을 갖고 있는 분이었는데 같은 건물 2층의 다른 쪽을 세 얻어 '황한경 회계사무소'를 개설했다. 그 회계사무소에서는 미국에 사는 사람이면 모두가 1년에 한번은 보고해야 하는 한인들의 인컴 택스(Income Tax)를 해결하여 주는 세무 일을 도맡아하였다. 물론 이들의 한글간판도 모두 써주었다. 그러자 이 블럭에 한인들이 한 순간이라고 할 만큼 빠르게 세를 들어 단숨에 한인 상가가 형성되었다. 김진형은 너무나 기뻐 이들 한인 가게들을 찾아가 한글간판을 무료로 써줄 것을 제안하였다. 모두들 김진형에게 고마움을 표시하면서 해달라고 부탁하였다. 김진형은 코리아타운이 형성된다는 생각에 너무나도 기뻐 매일같이 한글간판을 써서 한 블록을 한글간판으로 가득 채웠다. 그러자 이 거리에 한인들이 많이 찾아오면서 장사도 잘 될 뿐만 아니라 한인들의 왕래가 현저하게 늘었다.

김진형은 매일같이 미래의 코리아타운으로 지목한 지역의 거리들을 맴돌며 상점 주인이 백인이든 흑인이든 동양인이든 가리지 않고 무턱대고 상점에 들어가서 "이 고장에 한인들이 많이 사는데 영어를 몰라 너의 가게에 들어가지 못하니 내가 한글로 조그맣게 한글간판을 무료로 써서 달아 주면 한인들이 너의 가게에 들어와 물건을 사줄 것이다."라는 말로 설득하여 상점들 벽에 한글간판을 써 주기도 하고 작은 판자들을 준비하고 다니다가 한글간판을 써서 가게 유리창에 걸게 하기도 했다.

1973년에는 LA주변의 대학교들을 찾아가 학교 측에 교섭하여 한인계 대학 교수들을 익스텐션 코스 (Extension Course)로 초빙해 코리아타운 후보지 안에

용산고 동창과 함께. 김진형은 직접 한국서적센터 간판을 써서 달면서 그 옆 가게인 올림픽식품도 한글 간판으로 바꿔 달았고, 그 일대 가게를 찾아다니며 무료로 한글간판을 써주기 시작했다.

있는 호바트초등학교(Hobart School) 교실을 빌려 영어 강좌와 미국 생활에 적응하기 위한 강좌를 받게 하는 등 한인들의 이민생활에 필요한 지식을 터득하게 하는 일도 열심히 병행하였다. 서점은 아내 김명자(한국명 장명자)에게 맡기고 김진형은 밤낮을 가리지 않고 그가 임의로 설정한 코리아타운 후보지 안을 맴돌며 거리의 상점들에 한글간판을 써서 달아주는 '무료 한글간판 달기 운동'에 전념하였다. 이 때 김진형이 임의로 설정한 코리아타운 후보지에 초빙이 되어 한인들을 가르치던 5명의 한인 교수 중에는 서울대학교 문리과대학 후배인 유의영 박사가 포함되어 있었는데 2017년 서울대학교 문리과대학 동창회에서 한자리에 합석하게 되어 반가운 해후(邂逅)를 나누었다.

LA코리아타운번영회 조직

1972년 내내 김진형은 지금의 코리아타운 지역을 코리아타운으로 만들겠다고 마음을 먹고 매일같이 그 지역에 한글간판을 쓰고 다니는 한편 그 지역의 상인들을 모아 LA코리아타운번영회(Koreatown Developmint Association)란 임의단체를 조직했다. 김진형은 한인상가 주인들을 자신이 운영하는 서점에 모이게 하고 이 고장에 코리아타운을 세울 것이라고 말하며 코리아타운번영회(Koreatown Development Association)란 임의단체를 조직할 것을 제안한 것이다. 그러자 한인상인들은 모두 바쁘다며 김진형이 회장을 맡아서 추진하면 무엇이든 돕겠다고 약속했다. 다만 회의를 하러 오라고 하지 말고 전화로 안건을 처리하자는 의견들을 냈다. 김진형이 모양을 갖추기 위하여 이사회를 소집하여 코리아타운 형성의 안건을 설명하자 모두 김진형 회장이 알아서 하라고 동의하여 1972년 12월 8일에 공식적으로 미래의 코리아타운 경계지역을 발표했다. LA코리아타운번영회 김진형 회장 명의로 이 지역에 LA코리아타운을 형성할 것을 선포한 것이다.

당시에 코리아타운번영회 이사로는 올림픽 거리 이사는 김진형(한국서적센터), 장덕수 목사(삼오정 식당과 생선가게 주인), 우성식(천사사진관), 웨스턴 거리 이사는 최재용(웨스턴 거리 서쪽에서 누이동생과 음식점 경영)이 맡았고, 한인회의 강압으로 양석규 씨가 이사로 가입했다. 그리고 버몬트 거리 이사는 황도현(미장원), 8가 거리 이사는 김씨(이름이 기억나지 않음. 전자기기 수리상)였다.

한편 한글간판이 나붙자 LA의 한인들이 '모두' 라고 할 만큼 올림픽식품에 몰려와서 장을 보는 통에 이희덕 사장은 장사가 너무나 잘 되어 '돈을 긁어모은다'고 소문이 날 정도였다. 그러므로 당연히 코리아타운 세우기를 찬성할 것이라고 여겼는데 코리아타운번영회에는 관여하지 않겠다는 입장을 고수하여 몹시 아쉬웠다. 게다가 유학생이던 김진형이 무슨 말을 해도 바쁘다며 귀담아 듣지 않았다.

반대파에서 급조한 코리아타운 후보지

1972년 12월 8일, 김진형은 코리아타운번영회의 이름으로 코리아타운을 형성하겠다고 공식 발표했다. 올림픽 거리(Olympic Boulevard)에서 북쪽으로 4블록을 포함한 8가 거리(8th Street)까지와 버몬 거리(Vermont Avenue)에서 서쪽으로 웨스턴 거리 (Western Avenue)까지를 코리아타운 경계지역으로 한다는 계획을 발표한 것이다. 이 지역 안의 거리마다 한글간판들이 여기저기 나붙으면서 이 지역 아파트에는 한인들의 유입이 눈에 띄게 증가하고 있는 때였다.

이 발표 후에 제일 먼저 험한 욕설로 김진형에게 전화를 걸어 온 사람은 한인을 대표하는 단체라고 하는 남가주 한인거류민회(지금의 LA한인회 전신) 김OO 부회장(후에 회장 역임)이었다. 그 다음에는 거류민회 이사들이 번갈아 가며 김진형의 서점으로 전화를 걸어 "야, 이 개xx야, 네가 뭔데 코리아타운을 만든다고 xx 이야! 그리고 우리 한인이 어떻게 그런 빈민가(slum place)인 거지 동네에 코리아타운을 세운다는 게야? 안 돼! 시기상조야! 코리아타운 소리 그만하고 책방이나 열심히 해!"라며 막말 욕설을 매일같이 퍼부었다. 김진형에게 제일 먼저 욕설을 해댄 남가주 한인거류민회 부회장은 미국에 유학 왔다가 LA에 눌러 앉은 사람이었다. 남가주 한인거류민회는 이민 2세들과 유학생 출신으로 미국에 눌러 앉은 이들이 어울려 자기들끼리 모여서 한담이나 하며 지내는 모임이었다. 어려운 한인들에게 도움을 줄 힘도 없지만 그곳을 찾아가는 한인도 없는 유명무실한 한인대표 단체였다.

LA에 코리아타운을 세운다는 일을 상상도 하지 못하던 인사들이 김진형이 코리아타운을 세우겠다고 발표하자 화들짝 놀라서 갑자기 비벌리 힐즈에 큰 대지를 매입하여 거기에 코리아타운을 세운다는 발표를 했다. '미국소식'이란 제호를 단 한국일보 LA지사의 신문은 이 기사를 1면 톱으로 실었다. 비벌리 힐즈 시 상공을 헬리콥터를 타고 촬영하였다면서 미래의 코리아타운이라는 곳의 지도와 남가주거류민회 임원들 7-8명이 헬리콥터 앞에 나란히 서서 찍은 사진을 대서특필했다. 빤히 들여다보이는 거짓말을 기사화하는 것을 보면서 그때부터 김진형은 '미국소식'을 신뢰할 수 없는 신문으로 생각하게 되었다.

그 다음 날에는 LA주재 한국총영사관의 정보부 신OO 영사라는 분이 전화를 걸어 내일 11시에 총영사관으로 잠깐 나오라고 했다. 이튿날 11시에 총영사관에 가서 안내를 받아 영사 방에 들어갔더니 한참을 자기 일을 하다가 또 전화 통화로 더 기다리게 하더니 다짜고짜 코리아타운 작업을 당장에 그만두라는 것이었다. 지금 남가주 한인거류민회에서 코리아타운을 만들려고 비벌리 힐즈 지역에 큰 땅을 매입할 계획이니 코리아타운을 만든다는 헛소리는 꺼내지 말라고 퉁명스럽게 말하며 엄한 표정을 지었다.

김진형이 비벌리 힐즈 시는 로스앤젤레스 시와는 행정구역이 다른 LA시의 위성도시이며 세계의 이름 난 부호들이 사는 도시인데 어찌 그런 곳에 코리아타운이 들어갈 수가 있냐고 되묻자 "당신, 내 말을 거역하면 남산 구경을 하게 돼요."라며 험한 표정을 지었다. 김진형은 이 사람과는 대화가 안 된다는 판단을 하고 그냥 일어서서 나와 버렸다. 이렇다 보니 졸지에 한인단체와 언론사 그리고 LA주재 한국총영사관까지 모두 적이 되었다.

김진형은 이런 어리석은 사람들과는 상대할 수 없다는 판단을 하고 기필코 코리아타운을 만들어 한인들의 터전을 마련하겠다는 의지를 더욱 굳혔다. 그리고 미래의 코리아타운으로 정한 그 거리들을 매일같이 맴돌며 한글간판달기 운동에 더 박차를 가했다. 그러자 남가주 한인거류민회는 양석규라는 사람을 코리아타운번영회의 이사로 받아들이라는 요청을 했다. 그를 통하여 김진형의 계획을 멈추게 하려는 심산이었으나 웨스턴 11가에서 조그마한 식품점을 개업하고 있었던 양석규 씨는 오히려 한글간판달기 운동을 하는 김진형을 따라 다니며 사다리도 붙잡아 주고 사소한 잡일들을 돕는 역할을 해주며 김진형의 편에 서게 되어 오랜 동안 가까운 사이로 지냈다.

반대파들의 참을 수 없는 공격은 김진형이 코리아타운을 만드는 일에 더욱 열정을 쏟게 한 촉진제가 되기도 하였다. 김진형은 1973년에는 1년 내내 아내에게 서점을 맡기고 날마다 한글간판달기 운동을 펼치고 다녔다. 그러자 김진형이 마음속으로 설정한 미래의 코리아타운 거리 여러 곳에서 한글간판이 눈에 띄었고 그런 가운데 그 지역의 아파트 입주자가 한인으로 바뀌는 현상이 두드러지게 나타났다. 그와 함께 저절로 그 지역 한인상가들도 활기를 찾는 듯하였다.

한글간판이 나붙은 거리

1972년 7월부터 1973년 7월까지 코리아타운 후보 지역에서 한글간판달기 운동을 펼치며 몸소 한글간판들을 벽에 써주고 페인트 통과 붓을 자동차에 싣고 다니며 작은 판자에 한글간판을 써서 상점 앞에 달아 주기도 한 것이 어느덧 1년. 이 지역이 한국풍의 거리로 변하고 있음이 느껴지기 시작했다. 한글간판을 써 달라는 요청이 여기저기서 들어오는 형편인데 1973년 6월경에는 웨스턴 거리와 9가 거리가 만나는 코너에 드디어 한인 간판업자가 '영킴 간판'이란 가게를 개점하였다.

한글간판달기 운동을 시작한지 1년 사이에 그 지역 안의 아파트 주민들이 한인들로 바뀌고 있어 김진형은 전쟁터에서 고지를 점령한 듯 희열(喜悅)을 느꼈다. 그러니 신이 나서 코리아타운이 정말로 이루어지는 느낌으로 더한 열정을 쏟게 되었다. 저질적인 욕설로 괴롭히던 전화도 뜸해졌고 기득권 세력의 비난도 점점 줄어들었다. 그러나 이제부터 더 중요한 과제가 남았다고 생각했다. 그것은 LA정치인들을 움직여 LA시정부가 코리아타운 경계를 공식적으로 인정하게 하는 작업이었다. 즉 LA시정부가 코리아타운의 경계지점 거리마다 Chinatown이나 일본타운을 표시하는 Little Tokyo같은 푯말처럼 코리아타운(Koreatown)이란 푯말을 달게 하는 일이었다. 그러므로 이제부터는 LA정치인들의 힘을 빌리기 위하여 그들과 친분을 쌓는 일이 중요했다. 그런데 일개 유학생이 무슨 수로 정치인들에게 접근한단 말인가?

이 무렵인 1973년 8월초에 일본인 친구 기무라(木村)에게서 전화가 왔다. 8월 15일은 한국에게는 일본의 치하(治下)에서 벗어나 해방의 기쁨을 맞이한 날이고 일본으로서는 미국에게 패망한 날이다. 그런데 LA의 일본인들은 이 날을 니세 이마쯔리(二世祭)라고 하여 일본타운인 리틀 도쿄에서 일본인 축제와 퍼레이드를 하는데 그 행사를 구경하라는 것이었다. 일본타운 축제와 퍼레이드는 LA일본인 상공회의소가 주최하고 있었는데 기무라 친구는 당시 일본인 상공회의소에서 일하며 일본인 축제행사 집행에도 관여하고 있었다.

김진형은 기무라의 안내를 받아 일본타운에서 개막되는 여러 가지 축제행사를 며칠 동안 참관하고 일본타운 축제의 하이라이트인 일본인 퍼레이드를 참관하였다. 그런데 일본인 퍼레이드에서 첫 번째로 지나가는 행진대는 일본 국기와 미국 국기 기수대였다. 이어서 일본인 청년들이 흰 머리띠를 매고 일본인들이 숭배하는 신전을 어깨에 메고 '왓쇼이, 왓쇼이'라고 소리를 지르며 지나가는 행진대가, 그 뒤에는 청년들이 큰 북을 자동차에 올려놓고 북을 치며 지나가는 행렬, 귀빈들의 오픈카 행렬이 이어졌는데 귀빈들은 일본인 귀빈 몇 명을 제외하고는 모두 LA정치인들이 줄을 이었다. 그 뒤에는 일본 가라데 (空手) 행진대(여러 민족의 도생

들이 혼합되어 있었음), 일본 기모노를 입은 여인들의 부채춤 행진대가 지나간 후 LA근교의 여러 중고등학교 밴드와 학생들의 매스게임 행진대 그리고 각기 다른 민족 집단의 다양한 찬조출연 행진대가 줄을 이었다. 그 행진대 사이사이에 일본인 기업체의 꽃차들도 끼어 약 1시간 반이 걸리는 일본인 주최의 다민족 퍼레이드 행사였다.

　　무엇보다 김진형을 놀라게 한 것은 미국 정치인들이 대거 일본인 퍼레이드에 참여한 사실이었다. 그들은 자기 명찰을 크게 써서 오픈카 양쪽에 붙이고 환영하는 군중들에게 손을 흔들어 답례하면서 지나갔다. 우리도 코리안 퍼레이드를 개최하면 미국 정치인들이 우리 한인들의 한글간판들을 볼 수 있겠다는 생각이 얼핏 스쳐 지났다.

　　며칠 후 일본타운에서 기무라 친구와 마주 앉아 점심식사를 하게 된 김진형은 퍼레이드 행사에 관한 소상한 정보를 모두 들었다. 그리고 며칠 동안 김진형은 기무라에게서 축제와 퍼레이드를 하는데 소요되는 예산의 산출, 꽃차 제작소와 각 민족 집단의 찬조출연 연락처, 정치인들의 참가 초청을 보낼 연락 주소 등 일체의 퍼레이드 행진대 구성을 위한 정보를 들었다. 기무라 친구는 만약 코리안 축제와 코리안 퍼레이드를 한다면 준비해야 할 몇 가지를 일러주었다.

첫째, 행사를 위한 준비자금 5천 달러(당시 5천 달러는 큰돈이었다.)의 소요 경비를 확보할 것 둘째, 행사 날짜와 시간과 장소를 정해야 하고 셋째, 축제를 할 장소의 확보와 퍼레이드를 할 거리 구간을 정해야 하고 넷째, 퍼레이드 시간대에 교통을 차단해야 하기 때문에 경찰의 도로 사용허가를 받는 것이 최우선이며 도로 경비를 위하여 퍼레이드 관람객의 수를 추산하여 도로 경비경찰의 지원 요청도 받아야 한다고 알려 주었다. 다섯째는 퍼레이드에 참가를 잘 해주는 중 고등학교 명단과 각 커뮤니티 단체의 명단을 주면서 적어도 6개월 전에는 미리 코리안 퍼레이드 참가 요청 공문을 발송할 것 여섯째, 퍼레이드를 구성하려면 다양한 다민족 행진대를 구성해 주는 일을 전담하는 페잔트리 회사(Pageantry Production)의 빌 로마스(Bill Lomas) 사장을 만나 보라고 귀띔하면서 그의 전화번호도 가르쳐 주었다. 이런 정보를 익힌 김진형은 코리안 축제와 코리안 퍼레이드를 미래의 코리아타운 경계지역 안의 올림픽 거리에서 개최할 것을 결심했다.

제3장 | 코리안 축제와 퍼레이드 창설

코리아타운을 만들기 위한 초석

김진형은 1973년 말에 코리아타운번영회 이사회를 개최하고 코리안 축제 (Korean Festival)와 코리안 퍼레이드(Korean Parade) 개최를 결의한다. 코리아타운을 만들겠다고 공식 선언한 지 1년 만이다. 김진형은 LA시정부로부터 코리아타운이 공식적으로 인정받으려면 LA시의회 의원들에게 한인사회의 존재와 영향력을 인식시켜야 한다는 점을 알고 있었다.

단시간에 그들에게 한인사회의 존재감을 과시하려면 축제와 퍼레이드를 통해서 한인들의 단합된 힘을 보여줄 필요가 있고 그 목표를 이루기 위해서는 축제와 퍼레이드처럼 떠들썩한 움직임을 보여주는 게 효과적이라는 생각이 들었다. 이는 비단 코리아타운의 공식허가를 위한 밑그림일 뿐 아니라 뿔뿔이 흩어져 사는 한인들을 한데 모으고 자긍심을 고취하려는 의도이기도 했다.

이런 일석이조(一石二鳥)의 효과를 기대하고 코리아타운번영회 회의 벽두에 코리안 퍼레이드 개최를 의제로 삼자 이사들은 모두 그런 예산이 어디에서 나올 수 있느냐고 문제를 삼았다. 김진형은 조사한 결과 5천 달러면 행사 개최가 가능한데 그 돈은 김진형 개인의 사비로 충당하겠다고 공언했다. 그리고 코리아타운을 미국 사회에 알리려면 코리안 퍼레이드를 개최하여 미국 정치인들을 오픈카 귀빈으로 초청하고 한글 간판들이 즐비한 거리를 보여줘야 한다는 설명을 하였다.

번영회 이사들은 한인들만 다니는 학교도 없고 행진대를 구성할 만한 단체도 없다며 우려를 표명했다. 그러나 김진형이 코리안 퍼레이드라고 하지만 이 행진은 다른 민족들과 함께 하는, 즉 한인이 주최하는 다민족 문화행사라는 것을 설명하자 이사들은 의아해하면서도 워낙 자신만만한 김진형의 태도에 "그렇다면 김진형 회장에게 일임하여 개최하기"로 가결하였다. 그리고 축제와 퍼레이드의 날짜를 결정하는데 어떤 이사가 11월 3일이 우리나라 개천절인데 그날로 하면 좋겠다고 제의했다. 그러자 모두 그 순간에는 11월 3일을 개천절로 착각하고 그날로 결의하였다. 오래지 않아 10월 3일이 개천절이란 것을 알았지만 일단 정해진 날이었기에 제1회 행사는 그대로 진행하기로 하였다.

코리안 퍼레이드를 열겠다는 코리아타운번영회의 계획이 입소문으로 나돌자 LA교포사회 여기저기서 다시 비난의 목소리가 터져 나오기 시작하였다. 특히 남가주한인회(남가주한인거류민회가 개명한 이름) 이사들을 중심으로 여러 단체장들은 일제히 퍼레이드를 하려면 막대한 자금도 문제지만 한인으로 행진대를 구성할만한 단체도 없고 한인 학생들만 다니는 학교도 없는데, 사람 모으기가 얼마나 힘이 드는데 어떻게 퍼레이드를 한다고 하느냐, 우리 조국 대한민국과 동포들을 망신시키려 한다며 이번에는 교회 목사님들까지 사방에서 들고 일어나 비난이 쏟아지기 시작하였다.

"공청회를 열어라! 김진형이 무슨 자격으로 대한민국의 이름을 팔아 퍼레이드를 한단 말인가? 김진형은 우리 동포들을 망신시킬 미친놈이다!" 등 시끄러웠다. 김OO 씨가 발행하던 '주간 가주신문'은 사설에서 김진형이 대한민국의 국호를 사용할 자격도 없고 LA동포사회를 대표하는 사람도 아닌데 한인 동포의 이름을 파는 행사를 한다며 조선 말기의 이완용(李完用)과 같은 자, 대한민국을 팔아먹는 역적(逆賊)이라고 맹비난을 하였다. 그런데 이듬해인 1974년에 김진형이 제1회 코리안 축제와 퍼레이드를 대성공으로 마무리하자 적자로 허덕이던 주간 가주신문은 폐간하고 말았다.

공청회에서 일어난 기적

이광덕(李光德) 목사라는 분이 버몬트 25가 흑인가에 넓은 홀(Hall)을 가진 2층 가옥을 사서 사설 LA한인문화회관이란 간판을 달았다. 그곳에서 가끔 한인들의 행사가 열리곤 했다. 김진형이 비난을 참고 견디다 못해 그 장소를 빌려 공청회를 개최하겠다고 발표하자 약 70-80명의 한인들이 참석하였다. LA주재 대한민국총영사관의 박영 총영사를 위시하여 한인 지도자라고 자처하는 사람들, 언론인 그리고 목사님들이 2층 강당을 가득 메웠다.

김진형이 먼저 단에 올라 코리안 축제와 퍼레이드의 개최 이유를 설명하고 코리안 퍼레이드는 한인이 주최하는 행사지만 타민족들이 모두 참가해 행진대를 이루는 다민족 문화행사라고 자세하게 설명하였다. 그러나 공청회에 참가한 사람들은 모두가 다른 나라의 퍼레이드를 참관해본 적이 없었는지 이해가 가지 않는 것 같았다. 분위기는 모두 퍼레이드 개최 반대 일색이었다.

김진형은 모인 분들 가운데서 키가 유난히 큰 정원훈(鄭元勳) 캘리포니아 외환은행장에게 첫 토론자로 한 말씀을 부탁하였다. 왜냐하면 김진형의 한글간판 달기 운동으로 올림픽 거리에 많은 한글간판이 나붙던 그때 정 행장은 무역업무 거래만을 다룰 수 있었던 한국외환은행 사무소를 일반은행으로 전환하고자 했다. 미국의 은행감독원에 한인들을 위하여 일반은행이 필요하다고 주장하며 일반은행 개설을 신청한 것이다. 당시 LA에는 일반인이 거래하는 한국계 은행은 단한 곳도 없어서 영어가 불편한 LA의 한인들은 거의 모두가 일본타운의 일본계 은행들인 스미토모 은행 LA지점이나 미쯔비시 은행 LA지점을 이용하고 있었다.

한국계 은행으로 한국외환은행 LA사무소가 LA다운타운 원 윌셔(One

Wilshire) 빌딩에 자리 잡고 있었지만 일반은행이 아니고 무역업무 같은 외환 거래만을 다루는 사무소 같은 곳이었다. 그런데 하루는 정 은행장이 김진형의 서점에 찾아와서 자초지종을 설명하며 캘리포니아주 은행감독국 직원들이 코리아타운 한인 상가를 돌아보겠다고 하니 그때 한인 상점 주인들에게 미리 연락하여 2중 언어인 한국어를 사용하는 은행이 절대적으로 필요하다고 역설해달라는 부탁을 했다.

김진형은 이 사실을 모든 올림픽 거리 한인 상인들에게 미리 알려 놓았다. 정말 은행감독국에서 직원 3명이 정 행장의 안내로 한인 상가를 돌아보기 위해 맨 먼저 김진형의 한국서적센터를 찾아왔다. 그들에게 한인들이 영어에 불편을 느껴 한국어를 구사할 수 있는 한국계 일반은행이 절대적으로 필요하다고 강조하였다. 그리고 주위의 한인 상인들도 모두 사전에 알려 두었기에 준비된 그들의 목소리를 전했다. 우리가 도움이 되었는지는 몰라도 캘리포니아 은행감독국으로부터 승인받아 한국외환은행 LA지점을 개설한 직후였기에 혹시 정 행장이라면 좋은 말씀을 해 주리라 기대한 김진형이 그에게 가장 먼저 한 말씀을 부탁, 공청회 첫 발언자로 단상에 오르게 한 것이다.

그런데 기대와는 달리 정 행장은 단상에 올라서자마자 "글쎄요. 나는 김진형 회장이 퍼레이드를 하자고 하는데 퍼레이드의 인원동원도 큰 문제지만 그런 막대한 예산이 어디에서 나올 수 있는지 알 수 없네요."라고 말을 꺼냈다. 그러자 반대 의견을 가진 인사들은 모두 공감하며 웅성거리고 발언자마다 줄줄이 퍼레이드를 하면 대한민국과 LA한인들을 망신시킬 것이라고 반대하고 나섰다. 발언권을 얻은 무슨 단체장이라고 하는 사람 또는 목사님들이 모두 하나같이 코리안 축제는 몰라도 코리안 퍼레이드는 시기상조라며 절대 반대한다는 발언들을 이어갔다. 어떤 단체장은 "왜 이런 허망한 일을 꾸며 우리나라와 미국에 사는 한인들을 망신시키려 하는가?"라며 김진형을 향해 소리를 지르기도 하였다. 여기저기서 듣기 거북한 심한 욕설까지 들려 왔다.

공청회에 모인 사람들은 거두절미(去頭截尾)하고 무조건 김진형이 하는 일들이 못마땅했다. 단 한 사람도 지지해주는 사람이 없이 퍼레이드 행사는 불가(不可)로 의견을 모으고 폐회를 선언할 즈음 기적 같은 일이 일어났다. LA주재 대한민국총영사관의 박영 총영사가 발언하겠다며 단에 올라섰다. 그는 김진형의 발언을 유심히 청취하고 이해한 듯 "여러분! 퍼레이드가 다민족 문화행사라는데 또한 김진형 회장이 사비로 한다는데 한번 시도해 보는 것도 좋지 않을까 생각하는데요."라고 발언하자 공청회장은 찬물을 끼얹은 듯 일시에 조용해졌다.

박영 총영사는 그간 김진형이 코리아타운 형성 사업의 일환으로 한글간판들을 거리에 나붙게 하여 그 거리가 한인 상가로 변모해가고 활기를 띄는 것에 다소 감명을 받은 것 같았다. 박영 총영사는 "미국은 백인들만이 사는 나라가 아니고 다민족 사회로 이루어진 나라이기 때문에 코리안 퍼레이드라고 하여 한인들만 행진하는 것이 아니고 여러 민족 사회의 찬조출연으로 행진대를 구성하는 다민족 퍼레이드입니다."라고 애써 설명한 김진형의 말에 이해가 간 듯하였다.

공청회장은 갑자기 조용해지더니 어안이 벙벙해진 참석자들은 몇 분간 아무도 박영 총영사의 발언에 대꾸하는 사람이 없었다. 그리고는 한 사람 두 사람 일어서서 공청회장을 떠나기 시작하였다. 김진형은 박영 총영사의 발언을 빌미로 동력을 얻고 코리안 축제와 퍼레이드를 열심히 준비하게 되었다.

한인들을 위한 의료기관 개설

코리아타운이 제대로 되려면 그 안에 은행도 있어야 하고 변호사 사무실도 들어오고 생활에 필수적인 갖가지 상점들이 들어와야 한다. 그중에서도 제일 시급한 것은 한인들의 의료문제를 해결할 의료기관의 유치였다. 영어가 불편하니 병원에 찾아가도 통역사가 없어서 환자의 진찰이 잘못되는 경우가 허다하였다. 영어를 모르는 한국인들은 미국인들이 뭐라고 말하면 무슨 말인지 몰라도 무조건 예스(Yes)라고 대답하는 일이 허다했다. 그래서 오진(誤診)이 생기곤 하였다.

전화번호부(Yellow Book)로 한국 성을 가진 의사를 찾아가도 의사 선생님들은 모두 한국혈통이긴 하나 한국어를 전혀 모르는 사람들이었기에 오진이 많이 나와 큰 문제가 아닐 수 없었다. 김진형은 이를 해결하기 위하여 미래의 코리아타운 지역에 종합의료원을 세워 거기에 상근하는 한국어 통역사를 채용하면 좋겠다는 생각이 들었다. 그래서 한국에서 국제관광공사 총재 비서 시절에 알고 지낸 석유공사 비서실장 출신 김동원 씨에게 미래의 코리아타운 지역에 종합의료원을 세우는 문제를 의논하자고 제안하였다.

김동원 씨도 큰 건물을 하나 사서 여러 과목의 의사 선생님들에게 방을 하나씩 세를 주고 한인 통역사를 채용하여 의료원을 개설하면 좋을 것 같다며 동의했다. 자기 동생이 돈이 좀 있으니 한인들을 돕는 좋은 사업을 같이해 보고 싶다는 긍정적인 태도를 보였다. 그런데 두 형제는 김진형이 동참해 주어야 이 사업을 시작하겠다고 말했다. 김진형은 코리안 퍼레이드를 준비하던 때라 무척 바쁘긴 하지만 의료기관 유치도 다급한 문제여서 일단 셋이 동업하기로 합의하고 의료사업에 착수하였다. 부동산 중개업자로 일하던 당시 주영만(후일 중앙일보 LA지사장이 되었음)이란 사람에게 건물을 물색해 달라고 부탁하여서 구한 건물이 오늘날

1974년 4월30일 미래의 코리아타운 지역에 개원한 한국종합의료원. LA 한인역사박물관 민병용 관장 제공.

올림픽가의 웨스턴 거리 서쪽에 자리 잡은 한국종합의료원이다. 본래 사무실 전용 건물이었는데 이를 초고속 빠른 속도로 의료행위를 하는 건물로 수리를 마치고 1974년 4월 30일에 한국종합의료원이란 이름으로 개원하였다.

개원하기 전에 한국인 성씨를 가진 의사들을 찾아다니며 한국어를 몰라도 통역사를 채용하면 의사소통이 되니까 한국종합의료원에 입주해 달라고 사정하여도 모두 꺼리는 바람에 개원 당일 한인 의사는 한 명도 없고 인도인 의사와 미국인 의사 2명이 있었을 뿐이다. 그러나 통역사를 채용했기 때문에 의료행위에는 별 지장이 없었다. 김진형은 X-Ray과와 병리실험실 운영을 담당하기로 하고 강길선이란 X-Ray 기사를 채용하였다.

김진형은 코리아타운 형성과 코리안 축제와 코리안 퍼레이드 창시에 바쁜 나날을 보내던 터라 의료에 관한 일은 모두 김동원 김동성 형제에게 맡기고 한국종합의료원이 제대로 설립된 것에 만족하며 의료사업에서는 손을 떼려고 하였다. 김동원 형제도 처음에는 김진형이 함께 해야 한다고 주장하다가 의료사업이 예상외로 잘 되고 수입도 만족할 수 있게 되자 흔쾌히 동의했다. 이렇게 한인들의 의료문제를 해결하고 나니 코리아타운의 형성이 한 발자국 더 가까워진 것 같아 기뺐다.

한국종합의료원이 개원되자 환자들의 내왕이 날로 증가하여 의료사업도 궤도에 오르고 한인들의 의료문제도 많이 해결되었다. 이럴 때마다 김진형은 너무나 행복하였다. 이에 힘입어 코리안 퍼레이드를 훌륭하게 해내 LA정치인들에게 한글 간판이 즐비한 거리를 보여주리라, 그리하여 LA시정부에서 반드시 코리아타운의 경계구역을 공식으로 인정하게 하리라는 결심을 더욱 굳혔다.

코리안 축제와 퍼레이드의 준비 작업

김진형은 아드모어 시립공원의 체육관과 운동장을 축제 장소로 정하고 1974년 2월 초에 LA시 공원국에 아드모어 공원 1주일 사용허가원을 제출하였다. 또한 코리안 퍼레이드 구간은 올림픽 거리 선상의 버몬 거리와 웨스턴 거리까지로 정했다. 그리고 퍼레이드가 진행될 때 도로에 차량통행을 금지하고 퍼레이드 진행 시간에 사고 방지를 위해 경비경찰의 지원을 받는 일로 LA시 경찰국을 찾아갔다. 접수 경찰관은 퍼레이드 허가 신청서류를 내어 주면서 퍼레이드 구간의 도면을 첨부하라고 했다.

김진형은 경찰의 퍼레이드 허가 신청원에 기입사항을 모두 적고 일본인 친구인 기무라의 도움으로 도면을 그려 LA경찰국에 다시 찾아가서 구비서류를 제출했다. 담당 경찰관은 퍼레이드를 참관하러 거리에 나오는 관중의 수가 얼마나 되는지 물었다. 관중이 얼마나 동원될지 어림잡을 수가 없어서 공란으로 남겨 두었던 사항이다. 김진형은 한인 지도자들이 반대하는 퍼레이드를 강행하기에 자신이 없어 착잡하였지만 그래도 숫자가 작으면 허가가 나지 않을까 염려되어 3천 명이라 대답했다. 경찰관은 신청서에 3,000명이라고 썼다.

약 보름이 지날 무렵 LA시 공원국에서 공원 사용허가서가 나왔고 LA경찰국에서도 도로 사용허가서가 우편으로 도착하였다. 그러나 한인들에게는 생전 처음 해보는 행사이고 게다가 번영회 이사들은 모두 영세업자들이라 자기 사업에 바빠서 이 거창한 과업을 도울 사람이 없었다. 김진형은 혼자 발로 뛰며 행사를 준비하면서 하루도 편한 잠을 이루지 못하고 축제와 퍼레이드 준비에 몰두했다.

돌이켜 보면 그 엄청난 일들을 어떻게 거의 혼자의 힘으로 감당하였는지 기적 같다. 아드모어 시립공원에서 진행될 축제행사의 종목을 정하고 각기 다른 행사의 주관처도 정해야 하고 퍼레이드에 참가해 줄 다른 민족 커뮤니티의 단체에 참가 요청 공문도 보내야 했다. 또한 성인 종목인 탁구, 축구, 서도대회, 장기 바둑대회, 노래자랑 등 각 종목별 예선전은 근무일을 피해서 몇 주 전부터 주로 토요일과 일요일에 진행했다.

제1회 코리안 축제(Korean Festival) 종목

1. 개막식
2. 우량아 선발대회
3. 리틀 왕자·공주 선발대회
4. 초등학생 한글 글짓기대회
5. 초등학생 사생대회
6. 초등학생 우리말 웅변대회
7. 교회 대항 축구대회
8. 교회 대항 탁구대회
9. 교회 대항 합창경연대회

10. 서도대회

11. 장기·바둑대회

12. 노래자랑

13. 한국 고전무용 발표회

14. 태권도 시범대회

15. 폐막식

코리안 퍼레이드 행진대 순서

1. 태극기와 성조기를 선두로 한 기수대

2. 한국 농악대

3. 한국 여성 무용단 행진대

4. 도산 태권도장 행진대

5. LA 정치인들의 오픈카 행진

6. 꽃차 행진을 간간이 끼우고

7. 각 중·고등학교의 밴드와 매스게임 행진대, 각 민족 커뮤니티 행진대

한편 1974년 3월 초에 한국 문화공보부 윤주영(尹胄榮) 장관 앞으로 LA주재 한국총영사관을 통하여 LA코리아타운번영회 명의로 공문을 발송했다. LA에서 코리안 퍼레이드를 11월 3일에 개최하니 태극기와 농악 행진대를 구성할 복장과 악기들을 지원해주면 좋겠다는 내용이었다. 큰 기대를 하지 않고 보낸 공문이었는데 의외로 윤주영 장관은 그 해 7월 초에 코리아타운번영회 앞으로 농악대 복장과 농악기들 그리고 태극기와 '농자천하지대본(農者天下之大本)'이라는 깃발까지, 훌륭한 농악대를 꾸밀 수 있는 장비 일체를 보내 주었다. LA주재 한국총영

49

사관의 박영 총영사가 도와준 덕분이 아닐까 싶다. 문화공보부의 농악대 장비 지원은 김진형에게는 크나큰 도움이었고 정신적으로도 말할 수 없는 힘을 보태주었다. 이외에도 김진형은 도로변에 나와서 퍼레이드를 참관하는 사람들에게 나누어 줄 종이로 만든 손 태극기 3천 개를 한국에서 사왔다. 퍼레이드를 보러 거리에 나올 관중의 수를 많이 잡아서 3천 명으로 추측하였기 때문에 그들에게 한 개씩 나누어 줄 요량이었다.

코리안 축제와 퍼레이드를 위해 언론사와 접촉

김진형은 LA정치인들을 오픈카 행진 귀빈으로 여러 명 초대하였기에 걱정이 앞섰다. 많은 한인들이 거리에 나와 그들을 환영해야 하는데 반대하는 여론을 무릅쓴 퍼레이드를 시작했기 때문에 구경하는 한인들이 적을까 걱정스러웠다. 그래서 일요일 오후 3시를 퍼레이드 행진이 시작하는 시각으로 삼았고 그 이유는 다음과 같다.

1. 한인들은 일요일에는 신자든 아니든 모두가 교회에 모인다는 점
2. 미국인들의 교회를 빌려서 예배를 마치고 나면 2시가 되는데 교회에서 친교시간을 마치면 오후 3시에는 교회에 모였던 사람들이 거리에 나올 수 있는 시간이라는 점
3. 아무리 반대하였다고 하나 그래도 교회가 파하면 구경삼아 나와 보지 않겠나 하는 희망에서
4. 그리고 코리안 축제에서 교회 대항 프로그램을 많이 진행하니까 목사님들과 소통이 되어 교인들이 올림픽 거리에 나와 참관하도록

목사님들에게 부탁해 볼 수 있다는 점 등이었다.

코리안 퍼레이드의 날짜와 시간을 한인들에게 알리기 위해서는 언론사의 홍보가 필수였다. 당시에 버몬 거리 18가 흑인가에는 김남이라는 분이 동아일보 LA지사라는 이름으로 신문을 발행하고 있었는데 광고 수주가 되지 않아서 어렵게 신문을 만들고 있는 형편이었다. 그때 동아일보의 편집국장이 당시 연세대 출신의 이선주라는 사람이었는데 서로 잘 알고 지내는 사이였다. 그래서 이선주 편집국장을 통하여 김남 지사장을 찾아가서 코리안 축제와 퍼레이드를 함께 하자고 제안하였더니 김남 지사장은 신문도 어려운데 아직은 그런 행사를 할 형편이 되지 못한다며 한마디로 거절했다. 당시 한국일보 LA지사가 일간 신문을 꾸준히 발행하고 있었지만 한국일보 LA지사와 접촉은 생각지도 않은 상태였다. 전에 비벌리 힐즈 시에 코리아타운 부지를 매입하여 코리아타운을 세운다는 기사를 대서특필하면서 김진형의 코리아타운 구상을 반대하는 기사를 크게 보도한 적이 있었기 때문이다.

그런데 이선주 편집국장이 동아일보 LA지사에서 퇴사하고 중앙일보 LA지사로 옮겨 9월 창간 예정으로 사무실을 얻고 창간을 서두르고 있다는 소식이 들렸다. 김진형은 이선주 편집국장과 함께 중앙일보 LA지사장으로 새로 부임한 이효식이란 사람을 만났다. 코리안 축제와 퍼레이드에 관하여 상세히 설명하고 중앙일보 LA지사 개국기념 행사를 겸하여 매칭 펀드(Matching Fund)로 5천 달러를 내고 이 행사를 코리아타운번영회와 공동 주최할 것을 제안하였다. 이효식 중앙일보 LA지사장은 당장에 흔쾌히 수락하였고 9월에 개국하면 창간호부터 코리안 축제와 퍼레이드를 대대적으로 신문에 보도하기로 하였다. 천군만마(千軍萬馬)를 얻은 기분이었다. 중앙일보 LA지사가 공동주최를 수락하였다는 소식이 전해지자 개최를 반대하던 인사들에게는 큰 충격이었다.

점차 열기를 더해가는 코리안 축제 예선전

축제의 행사는 대부분 경연대회여서 우승자들에게 수여할 트로피들이 행사마다 필요했다. 주관처들은 트로피 제작비, 현수막, 식사비 등 행사 진행경비 일체를 모두 코리아타운번영회로 청구서를 보내왔다. 이 모든 청구서를 개인이 지불하면서도 김진형은 행사를 맡아 진행해주는 주관처들이 고맙기만 하였다. 한편 교회 대항 시합으로 여러 종목을 택하고 보니 서로 경기에 이기려는 승부욕에 연습도 열심히 하는 것 같았다.

제1회 개막식이 거행되기 전부터 매주 토요일마다 열리는 한인교회 대항 경기 종목의 예선전 열기가 점점 달아오르기 시작했다. 교인들이 모두 나와 응원하는 바람에 선수로 뽑힌 사람들은 자기 교회의 명예를 걸고 임했고 경기를 관람하는 사람들의 응원 열기도 대단하였다. 경기에 임하는 각 교회의 열기를 보고 LA 한인축제가 분명히 성공하고 있다는 감을 잡을 수 있었다. LA에 산재한 각 교회의 경기 대항전이 진행됨에 따라 김진형의 이름도 LA한인들에게 널리 알려지게 되었다.

한인들 사이에서 축제에 대한 관심이 점점 높아지던 8월 말 이효식 중앙일보 LA지사장으로부터 전화가 걸려와 급히 만나자고 했다. 무슨 일인가 하여 달려갔더니 코리안 축제와 퍼레이드에 사용할 명목의 5천 달러 송금을 한국의 재무부가 불허하여 중앙일보 LA지사가 공동주최를 할 수 없다는 것이었다. 그때는 한국 국고에 미화가 부족하여 외환관리법이 엄격해 재무부의 승인이 있어야 달러 화폐의 해외 송금이 가능할 때였다. 김진형은 한쪽 날개가 뚝 떨어지는 느낌이었다.

그런데 이상한 일이 발생하였다. '미국소식 한국일보 LA지사'의 장재구 지사장이 김진형의 가게에 찾아왔다. 코리안 퍼레이드에 한하여 한국일보 LA지사인 '미국소식' 신문사가 공동주최가 아닌 주관처가 되고 싶다는 것이었다. 그 대신 퍼레이드 행사가 끝나고 채무가 발생한다면 장재구 지사장이 1만 달러까지는 모두 부담하겠다고 했다. 그리고 농악대도 장재구 지사장이 사람들을 모집하여 행진 연습을 시키겠다는 것이었다. 중앙일보 LA지사와 약속이 깨져 위축된 상황에서 장재구 지사장의 이런 요청은 상상 밖의 활력을 주는 일이었다. 김진형은 계약서를 쓰자고 말하고 싶었지만 너무 야박한 것 같아서 그냥 구두로 약속하고 굳은 악수를 하고 헤어졌다. 당시만 해도 한인들은 구두로 약속하면 잘 지킬 때였다. 그 이후 장재구 지사장은 김진형이 진행하고 있는 축제와 퍼레이드에 관한 기사를 '미국소식' 신문에 기사화하기 시작하였다.

한편 김진형은 LA의 여러 민족의 커뮤니티와도 소통하게 되었고 그들이 미국 정치인들에게 자기들 커뮤니티를 위해 하는 일들도 눈여겨보게 되었다. 그리고 LA시의원들과 LA카운티 정부의 코리아타운이 될 지역의 수장(카운티 수퍼바이저라고 칭함), 캘리포니아주 상하 주의원 중 코리아타운이 될 지역의 담당 의원들 그리고 LA시 경찰청장 등에게 코리안 퍼레이드에 오픈카 귀빈으로 참가해 달라는 공문서를 보냈다.

꽃차 12대가 참가하는데 꽃차 제작비가 당시에는 대당 270달러였다. 그러나 LA에 한인 기업체가 없던 시절이라 모두 한인 소상공인에게 구걸하다시피 부탁하여서 광고비를 받지 않고 제작비 270달러 원가만 받고 꽃차 행진에 참가시켰다. 당시 퍼레이드 선두그룹에 행진해 나갈 태권도 시범단은 김진형과 호형호제하던 김용길 사범의 '도산 태권도장'의 도생들이 나가기로 하는 등 퍼레이드 행진대 순서도 잘 짜였다. 그런데 제일 바라던 미국 정치인들의 참가 통지는 한 건도 받지 못한 상태였다. 당시 미국 정치인들은 한인이 미국에 살고 있는지조차 잘 모르던 시절이었기에 코리안 퍼레이드에 나갔다가 구경꾼도 없어 오히려 망신할까 걱정 하는 모양이었다.

마침내 열린 제1회 코리안 축제와 퍼레이드

드디어 1974년 11월 3일 일요일 오후 3시에 김진형이 계획한 코리안 퍼레이드가 개최되었다. 전날인 11월 2일 토요일 저녁 늦게까지 축제행사는 모두 성공리에 끝 나고 시상식도 마쳤다. 그간에 있었던 모든 축제행사의 종목별 시상식이 저녁 늦 게 아드모어 시립공원 강당에서 거행되었다. 태극기 앞에서 애국가를 부르면서 눈물을 흘리는 사람들도 있었다. 얼마나 그리웠던 태극기였던가! 코리안 축제와 퍼레이드를 반대하던 소위 한인 지도자들은 축제 폐회식에 보이지 않았지만 행 사를 반대하던 교회 목사님들과 축제에 참가한 한인 모두가 김진형에게 다가와 손을 내밀고 악수를 청하였다. 김진형은 그동안에 모욕적인 언사를 해대던 사람 들이 자발적으로 다가와 악수를 청하는 것에 감격할 따름이었다. 자비를 쓰면서 하나도 아깝다고 생각해 본 적이 없었다. 그 시절의 청년들은 나라와 민족을 사랑 하는 마음이 그러했다. 반대하는 사람들도 코리아라는 이름에 먹칠 할까봐 그랬 을 거라고 이해했다. 김진형은 그저 이 축제와 퍼레이드를 성공시켜야 코리아타운 형성의 날이 더 가까워진다는 생각으로 내일 열릴 퍼레이드가 성공하기만을 기원 하고 있었다.

11월 3일 오후1시가 되자 벌써 LA 경찰청에서는 기동대가 출동하여 퍼레이드의 행진 코스 구간인 올림픽 거리상의 버몬 거리와 웨스턴 거리 사이의 차량 진입을 막고 우회도로(迂廻道路)를 이용하라고 안내하고 있었다. 그때까지 올림픽 거리의 양쪽에 퍼레이드를 관람하려는 한인들은 보이지 않고 텅텅 비어 한산하기만 하였다. 꽃차 회사들은 1시가 되자 퍼레이드 출발지점인 웨스턴 거리 안쪽 골목길에 도열하고 출발시간을 기다리고 있었다. 각 학교 밴드부대와 매스게임 학생부대 등 퍼레이드 참가 신청을 수락한 단체들이 속속 모여 퍼레이드 행진 순서를 기다렸다. 김진형은 한인 관람객들이 얼마나 모일까 하는 걱정에 안절부절, 자꾸 손목시계를 들여다보며 교회가 끝날 시간만을 기다렸다. 교회가 파하면 한인들이 좀 모일 것이라 희망을 가졌지만 한때 퍼레이드를 반대했던 목사님을 생각하면 걱정이 태산 같았다. 정말로 피 말리는 초조한 시간이었다. 오후 2시인데도 올림픽 거리는 여전히 한산했다. 다급해진 김진형은 하나님께 한인들이 많이 나오게 해 달라고 기도했다.

맨 선두에서 퍼레이드 행진을 선도(先導)하는 인사를 미국에서는 그랜드 마샬(Grand Marshal)이라 하고 주로 저명인사를 천거한다. 제1회 코리안 퍼레이드에는 미국 선수로 런던 올림픽 대회와 헬싱키 올림픽 대회에 출전하여 2회에 걸쳐 다이빙에서 금메달을 목에 걸고 돌아온 한국계 미국 의사 새미 리 박사를 선정했다. 새미 리 박사는 제시간에 나와서 오픈카에 올라 있는데 미국인 귀빈들은 한 사람도 나오지 않았다. 특히 LA시의원들이 나오지 않아 매우 실망스러웠다.

그런데 웃지 못할 소동이 벌어졌다. LA정치인들을 모실 오픈카에 정치인들이 한 분도 나타나지 않자 퍼레이드 개최를 극구 반대하던 인사들이 서로 그 오픈카에 타겠다고 다투며 빈 차에 자기 명찰을 써 붙이고 버젓이 타고 앉아 있는 사람들도 있었다. 김진형은 퍼레이드 행진대 점검과 진행에 정신이 없었는데 장재구 지사장은 그들에게 정치인들이 올지도 모르니 오픈카에서 내리라고 말리다가 멱

살을 잡고 싸우기도 하였다.

그런 와중에 오후 2시 반이 되자 한인들이 여기저기 보이기 시작하더니 갑자기 물밀듯이 몰려나와 퍼레이드 구간의 올림픽 거리 양쪽을 삽시간에 가득 메우기 시작하였다. 그리고 참대나무 꼬챙이에 풀로 붙여 만든 종이 태극기 3천 개가 눈 깜빡할 사이에 모두 없어졌다. 놀랍고 감격스러운 일이었다.

제1회 코리안 퍼레이드에서 일어난 해프닝들

코리안 퍼레이드가 한창 진행 중이었다. 출발지점에서 순서대로 행진대의 출발을 진행시키고 있던 김진형에게 사진기자들이 와서 항의를 퍼부었다. 서쪽에서 동쪽으로 행진하게 하여서 해를 바라보며 사진을 찍어야 하기 때문에 사진이 제대로 나오지 못한다는 것이었다. 그러더니 이번에는 퍼레이드 구간인 웨스턴 거리(Western Avenue)와 버몬 거리(Vermont Avenue)를 오르내리며 질서유지와 경비를 담당하는 오토바이를 탄 경찰관이 진땀을 흘리며 찾아와 거세게 항의하는 것이었다.

영어로 못된 욕에 가까운 말투로 "당신이 퍼레이드 허가 신청서에 관중이 3천 명이 될 것이라고 기재하였기 때문에 경비경찰이 우리 두 사람 밖에 나오지 않았다. 지금 너무 관중이 많아서 질서유지가 몹시 힘든데 오늘이 일요일이라 경찰 증원도 되지 않는다."고 불평하며 고함을 지르는 것이었다. 경찰관의 항의에도 불구하고 김진형은 '너무 많은 인파'라고 하는 말에 "해냈구나!"하는 안도감에서 감격의 눈물이 앞을 가렸다. 알고 보니 올림픽 거리에 한인의 관중 숫자가 놀랍게도 경찰 집계로 3만 명이었다. 아무리 험한 불평을 들어도 퍼레이드의 대성공이 기쁘

특별한 친분을 쌓은 제임스 한 LA카운티 의장에게 코리아타운 형성을 지원해 줄 것을 이야기하고 있는
김진형 코리아타운 회장(1975).

기만 하였다.

　기를 펴지도 못하고 살던 한인들은 올림픽 거리에서 대형 태극기를 앞세우고 당당히 행진해 나가는 코리안 퍼레이드의 행진대를 보며 모두 격앙된 얼굴로 이게 꿈인가 생시인가 할 정도였다. 이날 한인들은 사기충천하여 하늘을 찌를 기분이었다. 김진형은 갑자기 매국노에서 한인들의 영웅이 되었다. 모두 "김진형! 김진형!"하며 김진형을 추켜세웠다. 속으로 김진형은 더욱 분발하여 LA시정부로부터 코리아타운의 경계구역을 기어코 허가받아야겠다는 의지를 다시 굳혔다.

1975년 제2회 LA한국의 날 축제 퍼레이드 현장에서 코리아타운번영회 꽃차 앞에서.

한국일보 LA지사의 횡포

미국 정치인들의 초미의 관심사는 자기를 지지하여 투표해줄 투표자 숫자다. 그런
데 그때까지만 해도 한인들의 어떤 단체도 미국 정계와 소통하는 그룹이 없었기
에 한인들의 존재에 대한 정보가 전혀 없던 터였다. 그런데 한인 3만 명이 거리에
운집하였다는 LA 경찰국의 발표는 LA 지역구를 가지고 있는 정치인들에게는 깜
짝 놀랄 일이 아닐 수 없었다. 그리하여 김진형의 이름은 미국 정가(政街)에 단번
에 알려지기 시작하였다. 그러자 코리안 퍼레이드를 뺏고 싶은 장재구 지사장의
마음이 급해졌는지 급기야는 김진형을 한인사회에서 매장시키려 하였다.

김진형 회장은 코리안 퍼레이드의 주관처인 한국일보 LA지사의 결산서를

기다리는 중이었다. 장재구 지사장이 김진형 회장의 가게에 찾아와서 코리안 퍼레이드의 주관처가 되고 싶다고 하여 구두계약으로 합의한 바가 있었기 때문이다. 그리고 LA한국일보는 합의한 다음 날부터 코리안 축제와 퍼레이드의 이름으로 광고를 받기 시작했다. 그런데 장재구 지사장은 결산서는커녕 제1회 코리안 퍼레이드가 끝나고 약 3개월이 지난 1975년 2월 7일자 한국일보 LA지사 '미국소식' 신문에 김진형 회장이 코리안 퍼레이드 기간 중에 발생한 빚 1,600여 달러를 갚지 않아 미국 사회에서 한인들을 크게 망신시키고 있다고 1면 톱으로 대서특필(大書特筆)했다. 아침에 사무실에 나간 김진형에게 쉴 새 없이 지인들의 전화가 걸려 왔다.

"한국일보 LA지사가 코리안 퍼레이드를 뺏으려고 김 회장을 언론폭력으로 헐뜯고 매장시키려 하고 있어요."

모두 똑같은 말로 한국일보 장재구 LA지사장을 비난하고 나섰다. 만일 코리안 퍼레이드가 끝나고 혹시 적자가 생기면 1만 달러라도 모두 갚겠다고 구두로 약속해 놓고는 그 약속은 헌신짝처럼 팽개쳐 버리고 LA 한인회 인사들과 이름뿐인 단체장들, 심지어는 이름도 모를 사이비 단체장들의 '김진형이 대한민국과 LA 코리안들을 망신시키고 있다'는 비방 발언, 그리고 LA주재 한국총영사관의 교포 담당 임홍규 영사의 걱정이 섞인 인터뷰 발언 등을 장황하게 담아 신문의 1면 전체를 메꾸었다.

한인 3만 명이 동원되는 등 코리안 퍼레이드가 대성황을 이루자 장재구 LA지사장은 1975년 연초부터 언론을 이용한 인격 살인으로 김진형에게서 코리안 퍼레이드의 주최권을 뺏으려는 의도가 분명하였다. "아차!" 그때 비로소 장재구 지사장과 서면으로 계약서를 쓰지 않은 것을 후회하였지만 때는 늦은 뒤였다. 김진형은 LA한국일보 '미국소식'지에 그런 기사가 날 때까지 어떤 단체나 어떤 사람

에게도 퍼레이드에 관한 빚독촉을 받거나 퍼레이드의 주최 주관권을 가지고 문제가 된 사실이 전혀 없었는데 소설 쓰듯 기사를 쓴 것이다. 그리고 기사 제목에 내건 '행사협회'는 존재하지도 않는 유령단체였다. 코리안 퍼레이드는 실은 김진형 개인이 모든 책임을 지고 개인 돈 5천 달러로 결행한 것인데 무슨 '행사협회'란 거짓 단체 이름을 동원해 단체 간 주최 주관권을 가지고 다툼이 있는 양 기사를 키웠다. 제2회 코리안 퍼레이드는 220일이나 남았는데도 불구하고 퍼레이드를 뺏고 싶은 마음이 너무나도 성급했다.

김진형으로서는 참을 수 없이 분한 일이었다. 당시 한인들 사이에서는 한국일보 LA지사의 세력이 막강한 시절이었다. LA 한인사회의 독보적인 언론기관이기도 하거니와 본국 정부의 부총리를 지낸 장기영 한국일보 사주의 아들이란 점에서 LA주재 대한민국총영사관의 영사들도 장재구 지사장에게는 무척 호의적인 관계를 맺고 있는 터였다.

오른쪽 사진에서 보는 바와 같이 제1회 코리안축제 개막식 무대 양 옆에는 대한항공(KAL)의 광고 현수막과 또 다른 광고 현수막이 길게 늘어져 있다. 이렇듯 당시 한국일보 장재구 LA지사장은 행사가 끝났으면 이 광고 수익금에 대하여 손익 결산서를 주최자인 김진형 코리아타운번영회 회장에게 보고해야 할 의무가 있

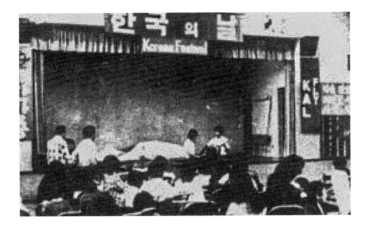

아드모어 공원에서
열린 제1회 한국의날
축제 개막식. 무대
좌우에 대한항공의
광고 현수막이
걸려있다.

었다. 김진형은 꽃차 스폰서들에게 참가해 주는 것만으로도 고마워서 꽃차 광고
에 대한 광고료는 일체 받지 않고 꽃차 제작비 원가인 270달러만 받고 퍼레이드
에 참가케 하였는데 장재구 LA지사장은 김진형도 모르게 제1차 코리안 축제 때
부터 직원들을 동원하여 코리안 축제와 코리안 퍼레이드의 이름을 팔고 뒤로 광
고를 수주하고 있었던 것이다. 이 광고료 수입에 대하여 장재구 LA지사장은 일체
비밀로 하고 주최자인 김진형에게 알리기는커녕 이 행사를 송두리째 강탈하기 위
하여 김진형을 코리안을 망신시키는 역적처럼 대서특필 기사화하여 매장시키려
한 것이다.

　　이 대서특필 기사를 보면 LA주재 대한민국 총영사관의 교포 담당 영사를 비
롯하여 LA한인회, LA한인상공회의소 등 한인을 대표한다는 여러 인사들이 모두
한마디씩 김진형을 천하의 역적처럼 코멘트 하여 '미국소식'이란 한국일보 LA지
사의 신문 전면을 가득 채웠다. 그렇지만 김진형은 장재구 LA지사장과 그 뒤를 이
은 장재민 LA한국일보 회장의 끊임없는 언론 횡포에도 굴하지 않고 대적하여 오
늘날까지도 건재하고 있고 실은 지금까지도 이 전쟁은 완전히 끝나지 않고 있다.
LA중앙일보도 김진형이 코리안 퍼레이드를 LA 한국일보의 전유물(專有物)로 넘겼다는 이유로 김진형에게는 호의적일 수가 없었다. 그들도 오늘날까지 김진형이 코리아타운을 만들었다는 기사를 쓴 일이 없다.

언론사와 갈등, 고난의 시작

김진형은 LA한인 동포들이 다른 민족들처럼 타운을 형성하여 한인들의 지위를 한 단계 높이고자 하는 동포애로 혼신(渾身)을 다하여 코리아타운을 형성하고자 했다. 그래서 매일매일 어렵고 힘들 때마다 나라와 민족을 위하여 목숨을 바친 선열들도 계신데 '이쯤이야'하고 마음을 다시 가다듬었다. 그런데 LA한국일보의 후안무치(厚顔無恥)한 처사는 정말로 개탄스러웠다. 이튿날 아침 9시 김진형은 작업복 차림에 운동화의 끈을 졸라매고 단신으로 신문사로 차를 몰았다. 용산고등학교에 다닐 때 전국체전에서 용산고등학교 기계체조 선수팀으로 출전하여 2년간 연이어 우승한 기계체조 선수였기에 그때만 해도 몸이 날렵하기도 했지만 배포도 있었다.

당시 한국일보 LA지사는 버몬 1가 골목길에 일반 가정집 같은 2층 가옥에 자리 잡고 있었다. 2층 편집실에는 기자들이 6명이 있었는데 문을 열고 들어서는 김진형에게 조창현 편집국장이 "밤새 안녕하십니까?"라며 멋쩍게 인사를 건넸다. 고운 말이 나올 수 없는 상황이었다. "야! 안녕하지 못해서 이렇게 왔다."라며 조창현 편집국장의 턱을 향해 발길을 날렸다. 조창현 편집국장이 들고 있던 커피잔이 날아가 기자들 책상 위에 커피가 튀면서 편집실은 단번에 아수라장이 되었다. 편집국장은 건물 밖으로 달아나고 기자들이 김진형을 감싸듯이 에워싸고 말리며 편집실 옆에 붙어 있는 방으로 안내하였다.

코리아타운번영회가 주최한 제2회 코리안 퍼레이드에 기관차 모양의 꽃차가 4만 명이 지켜보는
가운데 올림픽 거리를 지나고 있다(1975년).

장재구 지사장은 "미안합니다. 나는 이런 기사가 나가는 것도 몰랐네요."라
며 빤한 거짓말로 연신 사과의 말을 건넸다. 이때는 첫 퍼레이드를 성공적으로 장
식한 터라 김진형은 제2회 코리안 퍼레이드를 더 잘하여 미국 정치인들도 대거 퍼
레이드에 참여하게 할 계획으로 연초부터 준비를 시작한 때였다. 퍼레이드의 잔
여 체불 1,600달러의 빚은 겁먹은 장재구 지사장이 당장에 모두 청산하였다. 이
어서 장재구 지사장은 제2회 코리안 축제부터는 코리아타운번영회가 모든 행사
를 주최하되 아드모어 공원에서 열리는 축제행사만 주최 주관을 하고 퍼레이드
는 번영회가 주최자로서 감시 감독을 하고 퍼레이드 행사의 노하우를 당분간 지
도하는 조건으로 주최권은 유지하면서 LA한국일보가 코리안 퍼레이드의 주관권
을 가지고 퍼레이드 경비 일체를 부담키로 하겠다는 조건을 제의했다. 그리고 제

김진형 LA코리아타운 번영회 회장이 제2회 한국의 날 축제 장터에서 LAPD도로경비 경찰대장
던컨 경장에게 감사패를 전하고 있다.

2회 코리안 퍼레이드부터는 꽃차 광고주나 축하 광고 등을 수주받아서 외부의 감
사를 받아 결산 공고를 하고 이익이 나면 코리아타운번영회와 공익사업에 그 이
익금을 함께 쓰기로 하자는 제의였다.

　　김진형에게는 아드모어 공원에서 열리는 축제행사의 종목이 많기도 하지만
이에 참여하는 단체들의 행사 예산을 김진형 자신이 전적으로 지원해야 하는 형
편에서 코리안 퍼레이드의 계속적인 출혈(出血)은 부담스러운 것이었다. 그런데
코리아타운번영회 주최 아래 LA한국일보가 주관권만 갖고 모든 경비를 책임지
고 행사가 끝나면 수익금을 함께 공익사업에 사용하자고 하는 제의는 나쁘지 않
은 조건이었다. 김진형에게는 사실 코리안 퍼레이드는 코리아타운 형성이라는 최
종 목표를 위한 부차적(副次的)인 사업이었기 때문이다. 자신의 명예를 위해서 하

는 일도 아니고 코리아타운을 목적으로 시작한 일이었기에 장재구 지사장이 제시한 조건이 큰 짐을 덜어 주는 것이었다. 또한 제1회 코리안 퍼레이드에서 보여준 장재구 LA지사장의 협조도 큰 힘이 되었기에 아래와 같은 조건을 걸어 그의 제의를 받아주었다.

코리안 퍼레이드의 주관처로 승인한 합의사항

1. 코리안 퍼레이드는 코리아타운번영회의 주최권자가 한국일보 LA지사를 주관처로 승인한다.
2. 코리안 퍼레이드에 관한 모든 허가 신청서는 코리아타운번영회와 한국일보 LA지사의 공동명의로 제출한다.
3. 코리안 퍼레이드의 오픈카에 모실 한미 양국의 귀빈 초대는 코리아타운번영회와 한국일보 LA지사가 합의하여 선정한다.
4. 코리안 퍼레이드에 소요되는 모든 경비 일체는 한국일보 LA지사가 지출한다.
5. 코리안 퍼레이드가 종료되면 한국일보 LA지사는 결산 공고를 하고 수익금이 발생하면 그 수익금은 한인사회의 공익사업에 코리아타운 번영회와 합의해 사용한다.

코리안 퍼레이드의 주관권을 영원히 LA한국일보에 이양하고 나서 김진형은 제2회 행사부터는 코리안 축제행사에 전념할 수 있게 되었다. 그러면서 제2회 코리안 퍼레이드에는 기필코 LA시의원들이 참여하도록 최선의 노력을 다하였다. LA한국일보는 퍼레이드를 준비하면서 의문사항이 있을 때마다 김진형의 협조를 받아 열심히 준비해 나갔다. 한편 김진형은 무거운 짐이었던 퍼레이드 행사를 LA한국일보가 전담하게 되어 한시름을 놓게 되었다. 그리고 제2회 코리안 퍼레이드에는 경찰 집계 4만 명의 한인 인파가 올림픽 거리를 메꾸었다고 발표하였고 이후부터 미국 정치인들의 참가가 늘기 시작하였다. 가능한 한 많은 정치인들이 코리아타운의 한글 간판과 많은 숫자의 한인 관중을 보게 함으로써 코리아타운의 LA 시정부의 공식 인가가 가까워질 것이라는 생각에 흐뭇하기 그지없었다.

그런데 문제는 위와 같은 조건 하에 코리안 퍼레이드 행사의 주관권을 넘겨받은 장재구 지사장은 그 후 김진형의 이름을 빼고 코리안 퍼레이드를 자사의 전유물로 만들기에 혈안이 되었다는 점이다. 기회가 있을 때마다 인격살인에 가까운 기사를 써대며 한인사회에 김진형에 대한 나쁜 이미지를 심으려고 했다.

그러나 축제와 퍼레이드는 계속된다

지난해의 경험을 바탕으로 제2회 코리안 퍼레이드 도로 사용허가 신청서에는 도로 연변의 관중의 수를 3만 5천 명으로 기재했다. 많은 경찰관 기동대가 나와서 차량의 교통을 우회(迂廻)도로로 사용토록 하고 도로 연변의 퍼레이드 관람 관중들이 퍼레이드 행진대의 진로를 방해하지 않도록 안전하게 정리하여 주었다. 김진형은 제1회 행사에서 도로 경비 경찰에게 항의받은 일을 기억하고 퍼레이드가 끝나면 도로 경비 경찰대장에게 수여할 감사패를 미리 준비하여 두었다. 퍼레이드가 끝난 후 축제 장터에서 행진대 대장들에게 참가상을 증정하는 시간에 LAPD(LA경찰국) 도로 경비대장인 던컨 경장에게 경찰들의 노고에 대한 감사패를 증정하였다.

미국 독립 200주년 기념의 해인 1976년 제3회 코리안 퍼레이드를 맨 앞에서 선도할 공동 그랜드 마샬로
선정된 톰 브래들리(Tom Bradley) LA시장(왼쪽)과 케네스 한(Keneth Hahn) LA카운티 정부 수퍼바이저
(오른쪽)와 함께.

존 터니 미국 국회
상원의원과 함께
코리안 퍼레이드
행진 구간을 걷고 있다
(1976년).

제3회부터 거물 미국 정치인 오픈카 참여

제1회 코리안 퍼레이드와 축제가 대성황으로 폐막 되자 개최를 반대하고 불평하던 사람들의 목소리는 모두 사라져 버리고 LA 교포사회는 김진형을 영웅으로 치켜세웠다. 게다가 3만 명의 한인 관중이 LA올림픽 거리에 동원되었다는 LA경찰 집계 발표는 한인사회보다 오히려 미국 정가를 깜짝 놀라게 하였다. 정치인들은 투표자의 수를 중요시하기 때문에 코리안 커뮤니티가 있었냐며 관중 숫자에 모두 관심을 갖는 눈치였다. 당연하다. 민주주의는 다수(多數)로 모든 것을 결정짓기 때문이다.

　　LA의 코리안 퍼레이드에 3만 명이 쏟아져 나왔다는 소식은 항상 정치헌금과 유권자의 숫자를 계산하는 미국 정치인들에게는 큰 관심거리였다. 그 결과 1976년 9월에 열린 제3회 코리안 퍼레이드에는 다음해에 치를 미국 국회 상원의원 선거에서 재선을 노리는 캘리포니아주 출신의 존 터니 상원의원(Senator John Turney)이 코리안 커뮤니티의 표를 얻고자 코리안 퍼레이드의 오픈카 게스트로 참가하였다. 그는 출발에 앞서 퍼레이드 행진을 진행시키는 김진형 퍼레이드 창시자에게 퍼레이드 구간을 도보로 걸으며 한인 관중들과 악수하며 행진하고 싶다고 요청하였다. 김진형은 국회 상원의원의 요청을 받아들여 그가 누구인지를 한인 관중들에게 알리기 위해 그의 명찰이 달린 오픈카를 빈 차로 행진해 나가게 하면서 직접 안내하며 존 터니 상원의원과 그의 여비서를 함께 걷게 하였다.

　　미국 국회 상원은 미국 50개 주에서 1개 주에 2명씩 선출해 100명의 상원의원으로 구성된다. 임기도 6년이어서 막강한 권한을 갖는다. 이런 상원의원이 코리안 퍼레이드에 참가한다는 것은 3만 명의 파워를 과시한 코리안 퍼레이드 덕분이었다. 이렇듯 LA의 코리안 퍼레이드는 한인의 존재를 단번에 과시하는 계기가 되

행사 진행을 챙기느라 제4회 코리안 퍼레이드에서야 처음으로 오픈카에 오른 김진형
코리안퍼레이드 창시자와 부인 김명자 여사.

었다.

특히 1976년은 미국 독립 200주년이면서 코리안 퍼레이드가 제3회째를 맞는 해였다. 제3회 코리안 퍼레이드의 그랜드 마샬로 톰 브래들리(Tom Bradley) LA시장과 케네스 한(Kenneth Hahn) LA카운티 수퍼바이저(Supervisor of County of Los Angeles) 위원회 의장을 공동으로 모시고 김진형은 자신이 미래의 코리아타운으로 설정한 지역인 올림픽 거리에서 미국 독립 200주년 기념 퍼레이드를 개최하였다. 이 두 분은 LA지역의 최고 권력자들로 이들이 코리안 퍼레이드에 참가하였다는 것은 한인의 존재를 알지 못하던 미국 사회에 코리안 커뮤니티가 존재함을 널리 알린 사건이 되었다.

코리아타운번영회는 제2회 축제부터 프로그램 책자를 발간하고 정치인들의 축사를 게재하고 광고를 받아 축제 행사의 비용으로 사용하기로 하였다. 처음에는 미국 정치인들의 축사를 받기가 어려웠지만 3, 4회부터는 많은 정치인들이 축사 요청에 응하여 책자를 빛내 주었다. 또한 코리안 축제 4, 5회 때에는 코리아타운번영회가 발간하는 '코리안 축제(Korean Festival)' 책자 프로그램에 자신의 축사를 넣어 달라는 정치인들이 생겨나고 자발적으로 오픈카 퍼레이드에 참가하겠다는 정치인들도 나왔다.

단독 그랜드 마샬이 된 톰 브래들리 LA시장

1977년에 코리안 퍼레이드를 선두에서 선도하는 그랜드 마샬(Grand Marshall)로 톰 브래들리 LA시장(Mayor Tom Bradley)을 모시기로 하였다. 그는 흔쾌히 승낙하고 선두에서 퍼레이드를 선도하여 주었다. 코리안 퍼레이드를 참관하는 4만여 관중의 숫자가 LA 정치인들에게 코리안 커뮤니티가 무시할 수 없는 존재라는 것을 각인시켜 준 셈이다. 그동안 여러 명의 LA시의원들도 코리안 퍼레이드의 오픈카 귀빈으로 참가하였고 1976년 제3회 퍼레이드에서는 LA카운티 정부 케네스 한 수퍼바이저(LA County Supervisor Kenneth Hahn : LA카운티 정부의 수장은 LA시를 포함한 88개의 도시와 도시로 승격하지 못한 142개 지역의 행정을 관장하는, 한국의 도지사에 비길 수 있는 지위다. LA카운티 정부는 미국 50개 주에서 7번째에 해당하는 1년 예산을 쓰는 아주 큰 지방정부다.) 의장도 브래들리 LA시장과 공동 그랜드 마샬로 참가하기도 했다. 이 결과 LA시정부가 발행하는 LA시의 연례행사 목록 안내 책자에 코리안 퍼레이드가 당당히 오르게 되었다.

한편 김진형 회장은 제1회부터 제3회까지 퍼레이드 출발 지점에서 항상 퍼레이드 행진대의 차질 없는 진행을 위하여 귀빈들의 오픈카를 한 번도 타지 않고 일의 진행에만 여념이 없었다. 이렇게 일만 하는 김진형 퍼레이드 창시자에게 주위에서 모두 수고를 그만하고 오픈카를 타라고 권유하기 시작하였다. 그래도 차질이 생길까 걱정하는 김진형을 떠밀다시피 부인과 함께 오픈카에 오르게 했다. 그리하여 제4회 코리안 퍼레이드부터는 김진형 퍼레이드 창시자도 부인과 함께 귀빈 대접을 받기 시작하였다.

코리안 퍼레이드와 아드모어 공원에서의 코리안 축제(Korean Festival)는 해가 갈수록 LA시의 명물로 떠오르기 시작하였고 그 규모가 날로 커져서 웬만한 캘리포니아주의 정치인들은 서로가 참가하고 싶어 하는 행사가 되었다. 이렇게 자연스럽게 미국 정가에서는 새로이 떠오른 코리안 커뮤니티가 화제가 되었고 코리안 퍼레이드 창시자인 김진형 코리아타운번영회장의 이름도 미국 정치인들에게 급속히 알려지기 시작하였다.

제랄드 포드(Gerald R. Ford) 대통령 축사

1978년에 김진형은 제랄드 포드 미국 대통령(President Gerald R. Ford)에게 제 5회 LA코리아타운 축제(LA Koreatown Festival) 책자에 게재할 축사를 보내 달라는 정중한 서신을 발송하였다. 한국 대통령에게도 같은 날 같은 취지로 축사를 보내 달라는 서신을 LA주재 한국총영사관을 통하여 보냈다. 그러나 미국 대통령의 축사는 도착하여 책머리에 게재하였지만 박정희 대통령의 축사는 오지 않았다.

당시 LA 한국총영사관을 통하여 대통령의 축사 요청 서한을 보냈지만 민원 담당 영사는 축사를 받는 것이 힘들 것이란 부정적 견해를 내비쳤다. 외국으로 나간 한인들은 한국이 어렵던 시절 조국을 버리고 떠난 사람들로 여겼으며 해외로 나갔으면 한국에 대하여 간섭하지 말고 한국은 잊어버리고 그 나라에 동화되어 살라는 식의 분위기였던 것 같다. 김진형은 당시 LA 중앙정보부 신 영사에게도 눈 밖에 난 처지여서 그 공문이 한국 정부에 전달되었는지조차 의심하지 않을 수 없었다. 결과적으로 미국 대통령의 축하장은 매년 받아서 코리안 축제 책머리에 게재하였지만 한국 대통령의 축사는 받을 수가 없었다. 교포 담당 영사는 LA에 축사를 보내면 다른 나라에 있는 교민들의 행사에도 보내야 한다는 식의 변명을 했다.

1983년 제10회 행사에는 세계적으로 알려진 디즈니랜드(Disney Land)의 상징이자 마스코트인 미키 마우스(Mickey Mouse)가 코리안 퍼레이드에 참가하여 LA한인들의 대환영을 받았다. LA의 코리안 퍼레이드는 3-4만 명의 관객이 항상 동원되는 LA 최대 규모의 퍼레이드의 반열에 올라 LA시정부가 발행하는 올해의 LA시 중요행사 종목 안내책자에도 항상 등재되었다.

올해의 코리아타운 모범 경찰관 시상식에서 김진형 회장 뒤로 한국 경찰악대 대원들이
박수를 치는 모습이 보인다.

한국 경찰악대를 자비로 초청

김진형은 한국의 박일용 경찰청장이 경찰청의 교통과장을 지낼 당시에 한국에서
처음으로 만났다. 그 후 가까운 사이가 되었는데 김영삼 대통령 시절에는 어느덧
경찰청장이 되었다. 1995년 봄에 한국에서 박일용 청장을 만나서 LA코리안 퍼레
이드에 한국 경찰악대를 초청하고 싶다고 말을 건네자 경찰악대를 보내고는 싶지
만 그런 예산이 어디 있느냐며 좋은 기회를 놓친다고 아쉬워하였다. 김진형이 내
가 스폰서하면 보내 주겠냐며 되묻자 깜짝 놀라며 그렇다면 참모들과 상의해 보겠
다며 긍정적으로 대답하였다. 김진형이 서울에 체재하는 동안 박 청장은 가능하다
고 밝혀왔다.

1995년 김진형 회장이 자비를 들여 초청한 대한민국 경찰악대가 LA코리안 축제에서 연주하는
중에 잠시 지휘봉을 넘겨 받은 김진형 회장.

　김진형은 자비로 30명의 항공권과 LA호텔 체재비 등을 책임지겠다는 조건
으로 박일용 경찰청장에게 한국 경찰악대의 LA 코리안 퍼레이드 참가 초청을 허
락받았다. LA에 돌아와서 한국경찰청 앞으로 경찰악대 코리안 퍼레이드 참가 요
청서를 보냈다. 당시 한국경찰청 이OO 부청장이 단장이 되어 한국 경찰악대가
LA 코리아타운축제와 퍼레이드에 참가하여 위풍당당한 모습을 선보였다.

　코리안 퍼레이드에 오픈카 귀빈으로 참가한 많은 미국 정치인들은 한국에서
참가한 한국 경찰악대가 행진곡을 연주하며 늠름한 행진을 벌이자 김진형에게
엄지손가락을 치켜올리며 원더풀, 원더풀을 연발하였다. 퍼레이드 행진이 끝나고
아드모어 공원 장터 현장에 온 경찰악대는 장터에서도 연주하였는데 경찰악대장
은 김진형에게 지휘봉을 쥐어 주며 지휘하라고 강권하여 잠시 경찰악대를 지휘하
자 장터에 모인 관중들이 큰 박수를 보내기도 하였다.

　한편 1995년 '올해의 모범경찰관' 시상식은 한국 경찰악대의 환영 만찬회를

겸하여 가졌다. 모범경찰관으로 선정된 짐 다아(Jim Darr) 루테난(Lieutenant-한국계급으로 경위에 해당)은 동양인 수사과장으로 그의 수하에 한인계 경찰관 몇 명이 수사관으로 배속되어 있었다. 처음 동양인 수사과장으로 부임하였을 때는 한인들을 보는 눈이 곱지 않았으나 김진형과 가까워지면서 한인을 대하는 태도에 변화가 있는 것 같았다.

이날 시상식에 많은 한인들이 참석하자 무척 흐뭇해하는 모습이었다. 한국에서 온 경찰악대 대원들도 박수를 치며 즐거운 모습으로 미국 동포들과 한자리에서 모범경찰 시상식의 밤을 보냈다. 김진형은 또한 LA시의회 존 페라로(John Ferraro) 시의장에게 부탁하여 한국 경찰악대가 LA시의회에서 연주하도록 주선하였다. LA시의회는 항상 일반에게 오픈하여 회의를 진행하고 있으며 LA시정부의 TV채널로 방영되고 있다. 그러기에 한국 경찰악대가 LA시의회에서 연주하면

모국을 방문한 김진형 회장에게 박일용 경찰청장이 감사패를 증정했다.

많은 LA시민들이 관람하는 것과 마찬가지다. 한국의 경찰악대는 한국의 노래 두 곡을 연주하고 미국 민요도 준비해서 LA시의원들과 의회를 방청하러 온 일반 시민들로부터 박수갈채를 받았다.

1996년 늦은 봄에 한국에 다시 방문한 김진형 회장에게는 경찰청장의 감사패가 기다리고 있었다. 김진형 회장은 자비를 들였지만 한국의 경찰악대를 LA 코리안 퍼레이드에 참가시켜 준 박일용 경찰청장이 고맙기만 하였는데 감사패까지 마련하였다가 증정해 주니 너무나도 행복하였다.

티나 니에토 올림픽경찰서장과 우정

LA의 한인들은 올림픽경찰서에 출두할 일이 생기면 접수구역에 한국어 통역관이 항상 경찰관과 함께 근무하고 있고 한국어를 잘하는 한국계 경찰관들도 몇 명 배치되어 있는데도 무조건 경찰 허가담당 커미셔너로 있는 김진형을 찾아와서 도와 달라고 부탁하기가 일쑤였다. 몇몇 인사의 부탁은 거절할 수가 없어서 올림픽경찰서의 티나 니에토 서장을 찾아가 만나다 보니 올림픽경찰서 경찰관들이 무서워하는 티나 니에토 서장과는 농담하는 사이가 되었다.

미국은 누구나 무기를 소지할 수가 있는 나라여서 경찰관들도 무슨 사건에 연루된 범인을 체포하려면 목숨을 담보해야 하기에 항상 긴장을 놓지 않는다. 그러므로 일반인들이 볼 때는 이런 경찰관들의 상관들 모두가 대단히 터프(Tough)한 사람으로 보일 뿐만 아니라 실제로 모든 미국 경찰관들은 항상 긴장을 놓지 않기 때문에 터프한 것이 사실이다. 특히 티나 니에토 서장은 여성으로서 이런 경찰관들을 지휘 감독하는 독립 경찰서의 서장이어서 그런지 부하들에게는 굉장히

한인타운 안의 올림픽경찰서에서 니에토 서장에게 모범경찰관상을 시상했다.

엄격하고 무서운 서장으로 알려져 있었다.

　　한국의 날 축제에서 가장 큰 골칫거리는 장터의 천막 속에 쌓인 상품들을 밤도둑들이 훔쳐 가는 문제였다. 한국의 날 축제에는 천막 상점을 약 250여 개 설치해 놓고 본국에서 참가하는 지방단체들의 토산품 판매를 비롯하여 LA 상인들 역시 상품들을 가득 쌓아 놓고 판매한다. 밤 11시경에 파장하고 나면 한인축제재단에서 고용한 경비회사 경비원들이 공원을 지키지만 공원 주변의 흑인 또는 남미계 불량배들이 상품을 훔치는 사례가 있고 갖가지 천막 식당에서 음식과 함께 주류 판매도 하고 있어서 취객들의 소동도 있다 보니 경찰의 도움이 절실할 때가 많았다.

　　김진형은 니에토 서장에게 이런 사정을 이야기하고 특별히 장터의 안전을 위

2014년 제41회 LA 코리안퍼레이드에서 친구인 올림픽 경찰서 티나 니에토 서장과 함께 마차에 올라 행진하는 김진형 회장. (남가주 사진작가협회 증정)

제40회 코리안축제 장터 행사장에서 올림픽 경찰서 티나 니에토 서장과 함께.

하여 신경을 써주기를 부탁하자 니에토 서장은 올림픽경찰서 250여 명의 경찰 중약 70명을 장터 개장 4일 동안 장터에 배치해 주곤 하였다. 이리하여 김진형은 축제 개회식에서 축사하다가 관중석 주변에 몇 명의 경찰관들과 함께 서 있는 니에토 서장을 발견하고 무대 위에 올라오라고 말하였다.

축사 도중에 니에토 서장을 소개하면서 "우리 한국의 날 축제의 안전을 위하여 니에토 서장이 250여 명의 올림픽경찰서의 경찰관 중에 약 70여 명을 지금 여기에 배치하였습니다. 니에토 서장에게 박수를 보내 주세요."라고 하자 관중석에서는 우레와 같은 박수 소리가 터져 나왔다. 그러자 니에토 서장은 갑자기 마이크를 잡고 축사하고 있는 김진형을 끌어안고 키스 세례를 퍼부었다. 한국인에게는 범상치 않은 이 행동에 관중석은 와아! 와아! 소리 지르고 난리법석이었다.

한편 김진형이 니에토 서장에게 제39회 코리안 퍼레이드에서 오픈카에 함께 타고 행진하자고 제안하자 니에토 서장도 이를 받아들여 참가하였다. 니에토 서장은 특별히 올림픽경찰서 패트롤 카 10여 대도 오픈카 뒤를 따르게 하였다. 어떤 한인들은 홀아비가 된 김진형 명예회장과 니에토 경찰서장에 대하여 혹시나 남녀 관계로서 좋아하는 사이가 아닌가 생각하는 이도 있었지만 당시 김진형은 이미 80살의 고령이었고 니에토 서장은 50살 정도의 젊고 터프한 경찰관이었다. 아버지와 딸 같은 사이였다.

한편 김진형은 LA시정부에 티나 니에토 올림픽경찰서장을 우수 모범경찰관으로 천거하여 LA시장과 LA시의장 그리고 15명 LA시의원 전원의 서명이 든 모범경찰관 상장을 마련해줄 것을 특별히 부탁해 그 상장을 올림픽경찰서에서 시상하기도 하였다. 니에토 경찰서장은 이런 인연으로 더욱더 한인사회의 안전에 각별히 신경을 써주었다.

점점 무거운 짐으로 다가온 코리안 축제

코리안 퍼레이드를 반대하던 LA 한인단체장들은 코리안 퍼레이드가 오히려 LA 미국 주류사회에서 크게 인정받고 김진형이 LA 정가에서 유명해지자 시기 질투를 노골적으로 표출하기 시작하였다. 코리아타운번영회는 2년마다 회장 선거로 새 회장이 선출되지만 김진형은 창시자로서 명예회장 타이틀을 계속 유지하고 있었는데 LA한국일보와 동아일보 LA지사(운영난으로 폐간되었지만), 중앙일보 LA지사, LA한국일보 TV방송과 FM 라디오와 LA중앙일보 라디오 그리고 LA의 KBS TV 기자들은 '김진형 명예회장이 번영회에 허수아비 회장을 세워 놓고 실제로 번영회를 뒤에서 모두 움직이고 있다'고 비난하였다.

한국의 날 축제 기간에는 나흘간 아드모어 공원에서 천막 부스를 대여하여 옛 한국 풍습의 장터가 서는데 LA 폭력배 건달들이 천막 대여료를 내지 않고 그

제33회 한국의날 축제에 참가한 고건 총리가 축제 관계자들과 환담하고 있다.

냥 달라느니, 한인 폭력배들을 사주하여 장터 중앙무대에서 진행되는 각종 프로그램의 순서를 사람들이 많이 모이는 저녁 시간대로 바꾸어 달라느니, 노래자랑에서 엉터리 심사를 했다느니 주니어 미스코리아 선발대회에서 돈을 받고 뽑았다느니, 갖가지 말썽을 일으키는 자들이 해가 갈수록 늘어나 김진형은 참으로 회의(懷疑)를 느끼지 않을 수가 없었다.

그런 가운데 해마다 LA한국일보는 코리안 퍼레이드의 광고를 〈주최: 코리아타운교민회(코리아타운번영회를 개명한 이름), 주관: 한국일보〉로 게재하여 코리아타운번영회가 한국의 날 축제 책자에 광고를 수주하려면 광고주들은 LA한국일보에게 이미 주었다고 말했다. 따라서 실제 주최자면서 프로그램 책자에 올릴 광고를 얻는 것조차 너무나 힘들었다. 그도 그럴 것이 모든 사람들이 보는 신문에 광고하지 한정된 한국의 날 축제 선전 프로그램에 광고를 낼 광고주는 없을 터였다. 그리하여 축제가 끝나면 항상 김진형이 적자를 해결해야 하는 어려움이 있었다. 김진형은 LA한국일보에 퍼레이드 수익금을 나누자고 실랑이를 벌이게 되고 결국 계약서까지 쓰게 되었지만 LA한국일보 장재민 회장은 이 계약서를 첫해부터 묵살하고 한 번도 이행하지 않아 이것이 싸움으로 번져 결국 재판까지 하게 되었다. LA한국일보가 재판을 건 이유는 김진형 명예회장이 자사에 찾아와서 난동을 부린다는 이유였다.

코리아타운교민회를 LA한인축제재단으로 개명

김OO 당시 코리아타운교민회 회장은 매해 적자로 허덕이는 코리아타운교민회의 회장직을 아무도 맡으려 하지 않자 자원하여 회장직에 올랐다. 그는 술을 좋아하여 거의 매일 밤을 젊은 기자들과 술판을 벌였는데, 기자들이 당신은 허수아비고 김진형이 회장 행세를 다 한다며 '김진형을 쳐내야 한다'는 말에 귀를 기울이다가 결국 LA한국일보와 함께 코리아타운교민회 김진형 명예회장을 회계 부정으로 고소하였다. 코리아타운교민회 이사진 일동이 난리가 났어도 LA한국일보가 배경인 김OO 회장은 오히려 이사진 전원과 대치하며 협박하여 코리아타운교민회는 일시에 난장판이 되었다. 판사는 김OO 회장 변호사의 요청대로 과거 10년간의 회계장부와 은행 거래내역을 제출하라고 명령하였다.

결국 김진형은 2년간 코리아타운교민회에 접근금지 명령을 받았다. 코리아타운교민회 이사들은 눈물을 흘리고 비통에 빠져서 많은 이사들이 교민회를 떠났다. 김 회장은 자기와 가까운 사람들을 이사로 영입하여 교민회를 운영하다가 하기환 LA한인상공회의소 회장을 영입하고 LA 한인사회에서 사우나탕을 여럿 가진 계무림이라는 사람을 영입하여 코리아타운교민회를 LA한인축제재단으로 개명하여 운영하였다.

그러나 2년 후 계무림 씨가 LA한인축제재단의 회장직을 맡게 되자 계무림 회장은 김진형 명예회장을 다시 모시고 김OO 회장의 많은 부정행위를 밝혀내어 그를 이사회에서 제명 처분하였다. 이사회의 회장 선거에서 당선된 계무림 회장은 2003년 9월 29일 김진형 회장의 70회 칠순 잔치에 참석하여 축사를 했다. 그는 이 자리에서 이사회의 결의에 따라 LA한인축제재단(LA Korean Festival Foundation)이란 영문 글씨가 박힌 3부짜리 다이아몬드 반지를 증정하였고 다음날부터 명예회장 사무실을 마련하여 다시 축제재단으로 모셔갔다.

흑자로 돌아선 한인축제재단에서 은퇴 선언

한국의 지방자치단체들이 수출을 장려하는 정책을 시행하자 많은 국내 기업들이 한인축제 장터에 참가하기 시작하여 4일간 열리는 한국의 날 축제 장터 행사의 천막 부스가 불티나게 팔렸다. 이로 인하여 LA한인축제가 흑자로 돌아서고 계무림 회장이 2010년에 심장마비로 별세하자 김진형 명예회장은 고령을 이유로 LA한인축제재단에서 은퇴를 선언하였다.

그 이후 해마다 한인축제에서 흑자를 기록하고 돈이 생기자 LA한인축제재단 이사들의 감투싸움이 심화되기 시작했다. 이사들끼리 패당을 짓고 서로 싸움질을 시작하였고 재판까지 가는 판국이 되어 버렸다. 25명이던 이사진이 모두 빠져나가고 회장이 바뀔 때마다 제명처분을 하여 4명만이 남았는데 최근 두 명의 이사가 입회하여 지금은 6명의 이사진으로 운영하고 있다. 그리고는 이사의 임기제를 없애고 종신 이사제로 정관을 바꾸었다고 한다. 이사들 간의 재판은 아직도 종결을 보지 못하고 2023년 오늘까지도 재판을 이어가고 있으니 참으로 부질없는 일이라 하지 않을 수 없다.

김진형 코리안 퍼레이드 창시자가 디즈니랜드의 미키 마우스와 함께 기념촬영을 하고 있다.

코리안 퍼레이드에 오픈카를 타고
등장한 디즈니랜드의 마스코트
미키와 미미,
맥도널드의 마스코트 도널드.

코리안 퍼레이드 행진에서 인터뷰 중인 김진형 회장과 차남 브라이언 김 판사.

제33회 한국의날 축제 개막식의 귀빈들. 앞줄 왼쪽에서 김회장 옆 여성은 LA카운티 정부 이반 버어크 의장 한사람 건너 백인 남성은 LA시 톰 라본지 시의원.

1995년 리챠드 리오단
LA시장을 퍼레이드
그랜드 마샬로 추대하는
김진형 회장.

한국의 날 퍼레이드 심사위원장인 켐벌준장과
함께 사열을 받고 있다.

2008년 한국의 날
축제에서 비아라이고사
LA시장으로부터
공로상을 받고 있다.

제37회 한국의날 축제에
하객으로 참가한 김연아
피겨 여왕과 인사하는
김진형 회장.
홍준표 국회의원 부부,
배무한 축제재단 회장,
김문수 경기지사,
김재수 LA총영사가
참석했다.

왼쪽부터 제임스 안
LA한인회 회장,
허브 웨슨 LA시의장,
나경원 의원,
김진형 회장.

1993년 코리안 퍼레이드 출발지점에서 그랜드 마샬
리챠드 리오단 시장과 함께.

2008년 KTAN TV에 출연해 코리안 퍼레이드를
현장 해설하는 김진형 회장.

한국의 날 축제에
밤 늦게까지 장터에서
봉사하는 라이온스클럽
회원들을 격려하는
김회장.

라디오서울 생중계로
퍼레이드 방송 인터뷰를
하고 있다.

제4회 LA한인축제재단
골프 대회에서.

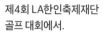

코리안 퍼레이드를 보도한 미주 한국일보 2012년 10월 8일자 지면. 신영성 LA 총영사, 정주현 LA 한인축제단 회장, 배무한 LA 한인회장, 김진형 회장 등 참여 인사들의 사진과 인터뷰가 실렸다.

2023년에 열린 제50회 코리안 퍼레이드. 1974년에 시작하여
50회를 맞이하였다. 50년이 흐르는 동안 코리안 퍼레이드는
아름다운 한복과 전통문화를 보여주는 행진으로 LA에서 손꼽히는
유명한 행사로 자리 잡았다. 사진 강형원

제4장 | 코리아타운의 꿈을 이루다

코리아타운의 태동
1972-1980

코리아타운 공식인정을 위한 밑그림

1976년 중반경에는 LA의 미국 정치인들이 코리안 커뮤니티의 존재를 알게 되자 그때부터 김진형은 코리아타운의 경계구역을 LA시정부로부터 공식으로 인가받는 작업에 착수했다. 미래의 코리아타운으로 정한 지역이 제10지구에 속해 있어 우선 그지역의 담당 시의원 데이비드 커닝햄(David Cunningham)과 교분을 쌓는 일이 중요했다. 그때까지는 코리안 퍼레이드에 참가해서 인사를 나누어 단순히 얼굴만 익힌상태였다.

코리아타운이 LA시정부에서 인정을 받으려면 1단계로 커닝햄 시의원을 통해야만 하겠기에 김진형은 용기를 내어 커닝햄 시의원 사무실에 전화를 걸었다. 전화를받은 비서는 커닝햄 시의원의 스케줄 담당 여비서에게 전화를 돌렸다. 스케줄 담당여비서는 커닝햄 시의원을 만나고 싶다고 하자 무슨 안건이냐고 묻고는 시의원의 스케줄이 너무나 바쁘다며 두 달 후 시간을 잡아 주었다. 그리고 그날 LA시청에 들어와서 정무 담당 비서관과 만나라고 했다. 시의원을 만나기가 힘들다는 것은 알고 있었지만 두 달 후에 커닝햄 시의원도 아니고 비서관을 만나라니 실망스러웠다.

우리나라의 지방정부와 미국 LA시 지방정부의 다른 점을 살펴보면, LA시에는 15개의 구가 있는데 우리나라와 달리 구청이 없다. 4년 임기의 시의원은 우리나라로 치면 서울시의 구청장인 셈인데 구의회가 없다. LA시정부의 유급 보좌관 약 20명을 채용하여 자기 구역의 모든 안건은 시의원 방에서 보좌진의 의견을 수렴하여 시의원이 결정한다. 그리고 이것을 LA시의회에 상정하여 통과시키면 시 행정부로 넘겨지고 그때부터 그 안건은 발효된다.

LA시장은 LA시의회가 결의한 안건이라도 3분의2 이상의 결의가 아니면 거부권을 행사할 수 있다. 그리고 LA시 공무원들은 15개 구역 15명의 각기 다른 LA시의원의 지역에 관한 지시를 모두 LA시청 한 곳에서 받고 시의회가 결의한 안건에 따라 처리한다. 다시 말하면 각기 다른 15개 구의 시의원들은 LA시 직원들을 모두 자기 구역의 직원처럼 공유하고 안건들을 처리해 나간다. 그러므로 LA시의원의 파워는 참으로 막강하다. 그러기에 도시의 상급 기관인 미국 국회의 하원의원이나 캘리포니아주 정부의 상원, 하원의원 또는 LA카운티정부의 수퍼바이저를 하다가 LA시의원에 도전하는 선량들이 허다하다.

LA시민들은 누구나 자기 구역의 시의원 이름은 안다. 그러나 그 지역구의 국회의원이나 다른 정치인들을 모르는 경우가 많아서 LA시의원과 달리 정치자금을 모으기가 매우 힘들다. 물론 도시마다 상황이 다 같은 것은 아니다. 미국은 합중국이어서 연방법은 모든 법의 우위에 있지만 지방마다 법 적용이 다른 차이가 있다. 예를 들어 LA시의원들은 LA시정부에서 월급을 받지만 시장이나 시의원이 명예직으로 보수 없이 시민들을 위하여 봉사하는 도시들도 허다하다. 아무튼 자기 구역의 수많은 안건을 처리해야 하는 위치에 있는 LA시의원을 만나기란 보통 힘든 일이 아니다.

제10지구 데이비드 커닝햄 LA시의원과 만남

김진형이 가끔 일본타운에 단골로 다니는 일식집이 있었다. 그 식당에서 기무라 친구와 만나 저녁을 먹다가 커닝햄 시의원을 만나려고 해도 만날 수가 없다는 이야기를 했다. 기무라 친구는 커닝햄의 정치자금 후원금을 모금해 주는 담당자를 만나라고 권하면서 그의 전화번호를 알아서 연락해 주겠다고 말했다. 그리고 며칠 후 커닝햄 정치자금의 모금행사를 담당하는 사람의 전화번호를 알려주었다. 그러면서 코리안 커뮤니티에서 커닝햄 시의원의 정치자금을 모금하여 주겠다는 제의를 하면 그 담당자는 반드시 커닝햄 시의원을 만나게 해 줄 것이라는 귀띔을 해주었다.

1977년 코리안 페스티벌에 직접 나와 김진형 회장 부부와 함께 축제 현장을 돌아 본 데이비드 커닝햄 LA시 제10지구 시의원.

일본인 친구 기무라의 말은 그대로 적중하였다. 정치자금 모금 담당자는 한인들이 정치자금을 많이 도와주면 좋겠다면서 면담을 환영하였다. 미국에서 선거로 당선되는 선량(選良)들에게는 정치자금 헌금이 가장 중요하다. 모금 액수가 거의 당락을 좌우하기 때문이다. 선거자금 모금 담당자는 커닝햄 시의원을 면담할 때 LA시청 건물 안에서 선거자금 이야기를 하면 선거법에 저촉되니 시청 밖에서 만나 이야기해야 한다는 주의사항도 일러주었다. 커닝햄 시의원과의 면담은 금세 이루어졌다.

그때부터 김진형은 커닝햄 시의원을 외부에서 만나고 식사도 함께했다. 그리고 커닝햄 시의원을 위한 정치자금 후원 모금행사도 개최하고 개인적인 친분을 쌓았다. 커닝햄 시의원은 김진형 코리아타운번영회 회장이 임의로 설정한 코리아타운 후보지를 함께 차를 타고 돌아보기도 하면서 점점 더 가까워졌다. 또한 캘리포니아주 출신의 국회 하원의원(캘리포니아주 부지사 역임)인 머빈 다이말리(Mervyn Dymally) 의원도 소개해주었고 제리 브라운(Edmund Gerald 'Jerry' Brown, Jr.) 캘리포니아 주지사가 LA에 왔을 때도 김진형 부부를 초청하여 새로 떠오르는 코리안 커뮤니티를 화제로 올려 브라운 주지사에게 코리안 커뮤니티의 존재를 알리기도 하였다.

커닝햄 LA시의원, 코리아타운 설계도 요청

드디어 1978년 말경에 데이비드 커닝햄 LA시의원이 LA시의회에 코리아타운의 경계구역 설정을 상정하겠다는 말을 전해왔다. 김진형이 1972년 12월 8일에 코리아타운번영회를 창설하고 코리아타운 형성을 위한 첫 사업으로 미래의 코리아타운이라 설정한 거리의 상점들에 한글간판 달기 운동을 시작한 지 6년 만이고, 사전작업으로 LA코리안 퍼레이드를 시작한 지 4년 만이었다. 김진형이 살아생전 당대에는 이룰 수 없을지도 모른다면서 시작한 코리아타운 형성인데 단 6년 만에 설계도를 제출하라고 하니 꿈인가 생시인가 가슴 벅찬 기쁨을 감출 수가 없었다.

데이비드 커닝햄 시의원은 '재패니즈 빌리지(Japanese Village)'를 설계한 데이비드 현(David Hyun)처럼 타운 형성의 설계도를 제작한 경험이 있는 설계사를 찾아보라고 권고까지 하였다. 데이비드 현은 LA시 일대에서는 아주 유명한 건축설계사로서 일본타운의 낙후된 지역을 재개발할 때 나무랄 데 없는 설계도를 제작하였다. 그의 재패니즈 빌리지 설계도가 LA시의회에서 단번에 만장일치로 통과되어 훌륭한 재패니즈 빌리지(Japanese Village)를 일본타운 요지에, 마치 일본에 온 듯한 일본촌을 완성해 LA시 일원의 건축계에서는 일약(一躍) 명성이 자자한 인물이었다.

김진형은 코리아타운의 설계도를 제작하기 위하여 일본타운에 건축설계사무소를 개설하고 있는 데이비드 현의 사무실을 찾았다. 데이비드 현은 한인의 성을 가진 한국계 미국인이지만 그의 내면은 완전한 미국인인 것 같았다. 부친은 조선 왕실의 신하로서 왕명을 받고 미국에 배를 타고 온 분이라고 전해지지만 그는 미국에서 태어나서 자란 탓에 한국에 대하여는 전혀 아는 바가 없고 우리말도 전혀 하지 못하는 미국인이었다. 코리아타운의 설계도를 제작해달라는 요청을 하자 그는 우선 장소가 어디인가를 묻고 누가 제작비를 내는지를 물었다. 김진형 회장은 서슴지 않고 "제가 냅니다."라고 대답하였다. "Mr. Kim 개인이요?" "네." 그 말을 들은 순간 데이비드 현의 첫마디가 "No."였다. "나는 할 수 없어요. 다른 설계사를 찾아보세요."라고 잘라 말하였다. 그 이유를 묻자 그는 "설계비가 어마어마한데 Mr. Kim 개인이 어떻게 지불한다고 해요?"라고 반문하였다.

그 당시 김진형은 LA다운타운 힐 거리(Hill Street)와 6가 거리(6th Street) 남동쪽 코너에 있던 유일한 다이아몬드와 보석 거래센터 빌딩 937호에 사무실을 갖고 다이아몬드 딜러(Diamond Dealer)를 하고 있어서 꽤 재력이 있었다. 이스라엘(Israel)의 텔아비브(Tel Aviv)에서 다이아몬드를 수입해서 다이아몬드 도소매(都小賣)를 하고 있었던 것. 지금은 이 거리에 보석가게가 수없이 많이 생겨났지만 1980년 후반까지도 이 건물이 유일한 보석 도매 건물이었다. 이 건물을 출입할 때는 경비초

제리 브라운 캘리포니아주 지사와 데이비드 커닝햄 LA10지구 시의원과 함께 코리안 커뮤니티에 대한
지원을 부탁하는 김진형 회장 부부(1979년).

소가 현관에 있어서 그 건물의 출입증이 있어야 출입을 할 수 있었고 외부 사람이 들
어오면 입주자에게 연락해서 허가받아야 출입이 가능한 건물이었다.

　　김진형이 도면 제작비가 얼마냐고 묻자 데이비드 현은 즉답을 피하고 우선 코
리아타운의 후보지를 돌아보고 이야기하자고 했다. 김진형은 당신도 한국의 피를 받
은 한국인이 아니냐며 애국심에 호소하여 보았지만 그런 말은 통하지 않는 것 같았
다. 두 사람은 묵묵히 아무 말 없이 앉아 있다가 김진형이 먼저 말을 건넸다. "우선 코
리아타운 후보지를 한번 돌아봅시다." 그는 잠시 생각하다가 이튿날 오전은 일정이
있으니 오후 3시에 자기 사무실에서 만나서 코리아타운 후보지를 돌아보자고 하고
헤어졌다.

코리안 퍼레이드에 회사 이름을 광고하기 위하여 해마다 내놓던 회사 꽃차.

이스라엘에서 다이아몬드를 수입할 때 예루살렘의 '통곡의 벽' 앞에서 촬영한 김진형 부부.

Mr. Kim이 왜 돈을?

다음날 다시 데이비드 현의 사무실에 찾아갔다. 두 사람은 김진형의 자동차로 코리아타운 후보지를 돌아보았다. 일본타운이나 중국타운 못지않은 광활한 지역이었다. 데이비드 현은 "이 거대한 사업을 나라가 하지 않고 왜 김진형 회장이 돈을 내요? 잘못되어 돈을 잃을 수도 있는데요. 그러면 설계비만 잃습니다."라며 의아해했다. 김진형은 우리 한인 동포들도 타운을 형성해야 미국에서 다른 민족처럼 커뮤니티를 배경으로 우리의 권익을 주장하며 살 수 있지 않겠느냐고 반문했다. 그리고 LA시에서 이 지역을 코리아타운으로 공식화해 주면 한인들이 이곳에 모여 살게 되고 한국의 비지니스도 이곳으로 모여들게 되어 재패니스타운이나 차이나타운처럼 번화한 거리가 되고 한인들의 살림도 편리하게 되지 않겠느냐고 덧붙였다. 그러자 "그런데 왜

이미 제출된 코리아타운 경계 구획안을 조속히 LA시의회가 통과시켜달라고 한인단체장들이 모여 코리아타운 담당 커닝햄 시의원에게 요청하는 모임. 이날 코리아타운 설계사 데이비드 현이 사회를 보았고, 이경원 대기자의 '코리아타운'이라는 영자주간지만이 취재에 응하여 이 모임을 기사화했다.

김진형 회장 개인이 돈을 대고 하느냐?"는 질문이 재차 뒤따랐다. 김진형은 "지금 우리 한국은 가난한 나라다. 그래서 우리나라와 민족을 위하여 나의 순수한 애국심에서 하는 일"이라고 당당하게 대답하였다. 데이비드 현은 고개를 갸우뚱하며 코리아타운 후보지에 대하여 좀 더 조사를 하겠으니 1주일 후에 다시 만나자고 말했다. 1주일 후 재패니즈 빌리지 안에 자리 잡은 데이비드 현 설계사무실에서 다시 마주 앉자 그는 무겁게 말을 건넸다.

"코리아타운 설계의 구상을 말하자면 김진형 회장이 여기 일본타운을 보는 것과 같이 주거지역, 상가지역, 공원, 공공시설 등 모든 것을 그 넓은 지역에 안배하는 그림을 그리는데 막대한 비용이 듭니다. 어림으로 잡아도 20만 달러 이상이 됩니다."

당시 제1회 코리안 축제와 퍼레이드를 5천 달러로 마쳤고 올림픽 거리 땅값이 1평방 피트(Feet-약 30.5cm)에 4달러 선이란 것을 감안하면 20만 달러는 무척이나

모임 시작에 앞서 국민의례를 하고 있다. 사진 맨 왼쪽에 코리아타운 설계도 플랜을 직접 만든 데이비드 현 설계사가 이 모임의 사회를 맡고 있다.

큰 어마어마한 돈이었다. 김진형은 안 된다는 말이 나올 거라고 예상하면서도 "현 선생의 부친께서도 한국의 왕명을 받들고 미국에 오셨다는 이야기를 들었는데 한국 인의 피를 받은 사람으로서 이 일을 좀 도와줄 용의가 없습니까?"라고 물었다. 그는 잠시 눈을 감고 무언가를 생각하다가 갑자기 "Mr. Kim, 현찰로 5만 달러를 일시에 선불(先拂)할 수 있겠어요? 그렇다면 나도 한국인의 피를 받은 사람인데 어떻게 해 볼 생각이 있어요."라고 말하는 것이었다. 그에게도 한국에 대한 조그마한 관심은 있는 것 같은 느낌이 들었다. 김진형은 이스라엘에 송금할 현찰로 딱 5만 달러를 준 비해 둔 돈이 있었다. 1978년에 다이아몬드의 상거래는 현찰로 거래하는 경우가 대 부분이어서 다이아몬드 딜러들은 금고에 현찰을 항상 넣어 두고 거래를 하는 것이 상례였다. 현찰 5만 달러! 순간 아찔한 느낌이 들었다. 그러나 김진형은 아내와 상의 도 없이 덜컥 "그렇게 해 주신다 하니 고맙습니다."라고 대답하고 말았다.

김진형 코리아타운
번영회 명예회장이
코리아타운 스페시픽
플랜(Koreatown
Specific plan)을
조속히 LA시의회에서
통과시켜 줄 것을
데이비드 커닝햄
시의원에게 간곡히
부탁하는 연설을
하고 있다.

　　데이비드 현과 김진형은 일어서서 조국인 한국을 위해 무언가 한다는 의기투합
(意氣投合)으로 코리아타운의 형성을 기원하는 악수를 굳게 나누었다. 김진형이 집
에 돌아와 데이비드 현과 만난 이야기를 사실대로 말하자 아내 김명자는 무언으로
대답을 피하고 그날을 넘겼다. 김진형은 데이비드 현과 그의 아들 데이비드 현 주니
어(David Hyun Jr.)를 다음날 팔로스 버디스(Palos Verdes) 해변에 있는 자택으로
초대했다. 아내 김명자(한국에서는 장명자)와 함께 불고기 파티로 저녁 만찬을 함께
나누고 5만 달러의 현찰을 내놓았다.

　　이후 김진형은 코리아타운 후보지에 있는 메달리온이라는 고급식당에서 데이
비드 커닝햄 시의원을 초청하여 선거자금 모금도 해주고 데이비드 현과 함께 코리아
타운 설계도의 시의회 승인을 위한 파티를 열기도 하였다. 김진형은 데이비드 커닝
햄 LA시 제10지구 시의원을 초청한 자리에 한인 지도자들을 모이게 하여 코리아타
운 설계도를 조속히 통과시켜 달라는 만찬회를 자비로 열었다. 당시 LA한인회 구한

모 회장은 김진형과 호형호제(呼兄呼弟)하는 사이여서 LA한인회 이사들과 함께 참석해주었다. 그 밖의 단체장들도 커닝햄 시의원의 참석을 전하며 간곡히 참석을 부탁하여 꽤 많은 인사들이 모였다.

한국 건축 설계회사 〈공간〉 김수근 대표 초청

김진형은 데이비드 현 설계사가 한국풍의 건축 양식에 대한 조언을 듣고 싶다고 하여 한국에서부터 친분이 있던 그리고 한국의 건축계에서는 유명한 건축 설계회사 '공간'의 김수근 회장을 미국으로 초청하였다. 그리고 데이비드 현과 만나도록 하여 당시 LA의 도시계획국과 데이비드 현 설계사 간에 논의되고 있던 코리아타운 형성 설계에 관하여 조언받을 수 있도록 하였다.

물론 김수근 회장의 초청 경비 일체인 항공권 및 호텔 경비 등은 모두 김진형의 몫이었다. 당시에 흠이 한 점도 없고 색깔(Color)은 제일 좋은, 영어로 디 칼러(D Color)라고 하여 잘 깎여서 모양(Cut) 좋은 다이아몬드 1캐럿 값이 도매로 5천 달러 정도 하던 시절이었다. 김진형은 코리아타운 설계도면을 위하여 다이아몬드 1캐럿짜리 최고품 약 10개 정도를 없앤 것 같다. 지금 90의 나이에 자신을 돌아봐도 참으로 대단했다고 혼자서 자화자찬(自畵自讚)하지 않을 수 없다. 그런데 코리아타운을 자기가 만들었다고 떠들고 다니는 인물들이 있으니 기가 막힐 노릇이다. 그들 가운데는 자서전에도 쓰고 언론에 버젓이 인터뷰를 한 사람들도 있다. 어떤 사람은 세상을 떠나자 그의 가족들이 엘에이 타임스(LA Times) 기자까지 불러서 자기 아버지가 코리아타운 창시자라고 인터뷰하여 기사를 내기도 하였다.

마침내 LA시의회에서 만장일치 가결

데이비드 현 설계회사에서 약 1년여 동안 '코리아 시티 프로젝트(Korea City Project)'란 이름으로 제작한 코리아타운 설계도면을 데이비드 커닝햄 시의원에게 제출했다. 이는 곧 LA시의회에 상정되었고 전문가들의 검토를 위하여 코리아타운 스페시픽 플랜(Koreatown Specific Plan)이란 이름으로 LA시의회에서 LA시 도시 계획국으로 안건을 넘겼다. 건축설계사들과 전문가들이 검토하고 데이비드 현 설계 사무소와 LA시 도시계획국이 서로 의견을 주거니 받거니 하면서 다듬은 후에 LA 시 도시계획국이 최종 수정본을 만들어 이를 다시 LA시의회에 코리아타운 스페시 픽 플랜이란 이름으로 되돌려 보냈다.

커닝햄 시의원은 지체하지 않고 이 안건을 LA시의회에 보내 다시 LA시정부의 도시계획국이 인정하는 동의안으로 LA시의회에 상정하였다. 1980년 12월 8일, 마 침내 이 결의안이 만장일치로 채택되었다. 이로써 김진형이 임의로 설정하였던 코리 아타운 경계 후보지는 경계구역의 수정 없이 그 경계구역 그대로 코리아타운의 경

Monday, December 1, 1980

KOREAtown

The English Language Voice of the Korean American Community

Vol 2. No. 4   40 cents

Korea City project on track

LOS ANGELES — The proposed Korea City project is on the track and on schedule, as its backers and Los Angeles city officials agreed on how to work on the master planning of the Koreatown Specific Plan.

"Everything went very amicably and smoothly," architect David Hyun told KOREATOWN, when he and his colleagues emerged from a joint session with city planners last week.

The basic agreement, Hyun explained, is that the city is responsible for the master planning of Koreatown while Korea City Inc. will provide the necessary manpower and money.

"PROGRESS UP to this point is the result of dedicated work of a few members of the Korean community who want to build a Koreatown for the benefits of all people there."

Hyun, founder and architect of the award-winning Japanese Village Plaza in Little Tokyo, commented:

"I feel confident at this stage that we can have the best ethnic community in the country, and I speak with some authority."

Hyun singled out Gene Kim, founder of the annual Korean Festival Parade, as "the key man of this whole (Korea City) operation.

"HE'S VERY COURAGEOUS and has put his own money for the benefits of Koreatown. That's why I am working so hard on this. Otherwise I have many temptations to quit. He's gutsy and honest. I've great respect for this man."

On May 14 this year the city council, through Councilman David Cunningham's efforts, passed a motion to instruct the city planning department to prepare a work program for the Koreatown Specific Plan. Subsequently, a full-time staffer has been working exclusively on the work program, and the Korean community will hire consultants to help collect data and prepare a draft plan.

"THE DEVELOPMENT of the finally adopted Korea City Specific Plan will represent the joint efforts of the consultants, a representative Community Advisory Committee (CAC) appointed by the councilmen of the districts and a full-time city planning department staff per-

Continued on Page 7

주간지 '코리아타운'에 실린 이경원 대기자의 기사.

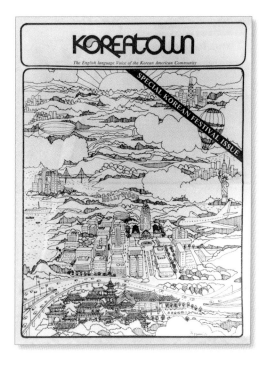

Continued from Page 1

1980년 12월 1일자
'코리아타운' 신문의
코리안의 도시 플랜이
진행 중이란 기사.

계로 확정되었다. 그런데 그날이 우연하게도 바로 김진형이 코리아타운번영회를 창립하고 코리아타운을 세우겠다는 발표한 1972년 12월 8일과 일치하는 1980년 12월 8일이었다.

LA코리아타운 경계구역 시행령 발효 서명식

LA시정부는 LA코리아타운 경계구역 시행령 공식 발효 서명식을 거행하면서 코리아타운 경계구역 설계도면 제출자인 김진형과 데이비드 현을 초대하고 한인은 단 한 명, LA시 인간관계 커미셔너인 쏘니아 석 여사를 함께 초청하여 LA시의회에서 발효식을 거행하였다.

　'코리아타운 경계구역 발효식'은 LA시정부가 코리아타운의 경계구역을 공식화한 기념식으로 LA에 거주하는 한인들에게는 엄청난 경사임에도 불구하고 LA한국일보나 LA중앙일보는 이를 취재하지 않았다. 그 결과 역사적인 사건인 코리아타운 공식화가 한인 동포들도 잘 모르는 사이에 LA시정부에 의하여 발효된 것이다. 나중

코리아타운이 포함되어 있는 LA시 제 10지구 데이비드 커닝햄 시의원과 칼빈 해밀턴 LA시 도시계획국 국장이 코리아타운 경계 구역을 확정짓는 서명식을 LA시의회에서 거행하고 있다.
사진 왼쪽부터 데이비 현 Jr. 설계사, 데이비드 커닝햄 LA 10 지구 시의원, 데이비드 현 Sr. 설계사, 칼빈 해밀턴 LA시 도시계획국장, 김진형 코리아타운 경계 구획안 제출자, 소니아 석 LA시 인간관계 커미셔너.

에 코리아타운이란 푯말이 제작되어 코리아타운 경계구역에 세워지는 기념식을 거행하자 그때야 비로소 한인 동포들이 코리아타운이 공식적으로 인정받은 것을 알게 되었다.

아래는 1980년 12월 1일자 '코리아타운'지에 실린 영문 기사의 번역문이다.

코리아시티 프로젝트 본 궤도에

시정부에 제출된 코리아시티 프로젝트(코리아타운 프로젝트)는 지지자들과 로스앤젤레스시 공무원들이 코리아타운 특별계획의 마스터플랜 작업 방법에 동의함에 따라 순조롭게 일정대로 진행되고 있습니다.

모든 것이 매우 원만하고 순조롭게 진행되고 있습니다. 건축가 데이비드 현은 지난주 도시계획전문가들과 합동회의에서 코리아타운에 대해 말했습니다. 기본 합의는 현 씨가 설명했습니다.

코리아타운의 기본 계획은 LA시가 책임지고 코리아시티잉크(Korea City, Inc.)는 필요한 인력과 자금을 제공한다는 점입니다. 여기까지의 진행은 모두의 이익을 위해 코리아타운을 건설하고자 하는 한인 커뮤니티의 소수 구성원들의 헌신적인 작업의 결과입니다.

수상 경력에 빛나는 리틀 토교(Little Tokyo)의 재패니즈 빌리지 플라자(Japanese Village Plaza)의 설립자이자 건축가인 현 씨는 다음과 같이 말했습니다.

현 대표는 이를 이루기 위해 헌신적으로 모든 것을 바친 사람은 김진형(Gene Kim)이란 사람이라고 지명했습니다. 그는 매년 진행되는 한인축제와 퍼레이드를 운영하는 핵심 인물입니다. 그는 매우 배짱 있고 용감한 사람이며 코리아타운의 이익을 위해 자신의 돈을 투척하였습니다. 그래서 나는 이 일을 열심히 하고 있습니다. 그렇지 않으면 그만두고 싶은 유혹을 받습니다. 그는 위대하며 나는 그를 존경합니다.

올해 5월 14일 LA시의회는 데이비드 커닝햄 시의원의 노력으로 도시계획 부서에 코리아타운 특별 플랜 작업의 준비를 지시하는 동의안을 통과시켰습니다. 그 후 정규직 직원이 주간 프로그램을 전담하고 있으며 한인 커뮤니티는 컨설턴트를 고용하여 데이터 수집 및 초안 준비를 돕습니다.

마지막으로 채택된 코리아시티 계획의 개발은 시의원이 임명한 대표 커뮤니티자문위원회(CAC) 및 1년간 상근 도시계획부서 직원의 공동 노력을 나타낼 것입니다.

코리아타운(Koreatown) 표지판 현판식

코리아타운의 경계구역이 공식화되자 LA시정부는 코리아타운 경계구역의 큰 교차로 광장마다 네 모퉁이에 코리아타운(Koreatown) 지역이란 것을 알리기 위한 표지

1981년 8월 22일
올림픽과 버몬트 코너에
코리아타운 표지판을
붙였다. 톰 브래들리
LA시장, 존 페라로
시의회 의장이 제막식에
직접 참석했다.

판(標識板)을 신호등 전신주에 달게 되었다. 표지판 제작이 완성되어서 코리아타운 경계 거리에 첫 번째 표지판을 다는 현판식을 거행했는데 LA시장과 LA시의장이 함께 참석하여 축하의식(祝賀儀式)을 거행하였다.

이 축하 행사에 설계도면을 제출한 장본인 김진형 코리아타운번영회 명예회장을 비롯한 한인 지도자들을 초청하기 위하여 브래들리 LA시장은 한인사회 담당 김준문 보좌관에게 행사에 참여할 한인 지도자들을 초청하라고 지시하였다. 톰 브래들리 LA시장은 두 번이나 코리안 퍼레이드의 그랜드 마샬로 선정되어 코리안 퍼레이드를 선두에서 선도한 적이 있다. 그때 도로 연변에 모인 수만 명의 한인 숫자에 놀란 브래들리 시장은 LA 한인회를 통하여 한인사회 담당 보좌관을 추천받아 김준문을 채용했다.

보좌관은 김진형이 재패니즈 빌리지를 설계한 데이비드 현 설계사를 통하여 코리아타운 경계 설계도를 제작하여 LA시청에 제출하였다는 것을 실제로 눈으로 보아 알고 있었다. 또한 김진형과 데이비드 현 설계사가 단에 올라 마이크를 잡고 코리아타운 담당 LA시 제10지구 커닝햄 시의원에게 코리아타운 경계 설계도를 조속히 인가해 달라고 하는 연설을 들었고 식사 자리에서 김진형으로부터 인가를 위하여 노력해 달라는 부탁까지 받은 사람이다. 이런 노력 끝에 LA시의회에서 1980년 12월 8일에 만장일치로 통과되었고 발효식을 거행한 것이다. 그리고 1981년 8월 22일에 톰 브래들리(Tom Bradley) LA시장은 존 페라로(John Ferraro) LA시의장과 함께 코리아타운의 경계구역을 공식으로 인정하기 위한 표시로 '코리아타운(Koreatown)'이란 표지판을 제작해 코리아타운 경계구역 거리의 전신주에 부착하는 첫 번째 '코리아타운' 표지판 현판식(懸板式) 기념행사를 코리아타운에서 거행하였다. 그런데 보좌관은 이 기념식을 김진형 코리아타운번영회 명예회장에게는 알리지 않고 LA한인회와 LA한국일보와 LA중앙일보에게만 보내 겨우 LA한인회 임원 5,

김진형 회장과 부인 김명자 여사, 맞은편 분홍색 상의를 입은 분은 쏘니아 석 LA시 인간관계 커미셔너이다. 그 우측의 옆 얼굴만 보이는 인사는 톰 브래들리 LA시장의 보좌관 김문준으로 이 모임이 김진형 회장이 코리아타운 경계 구획안을 LA시정부에 제출하고 LA시정부가 그 구획안을 빨리 공식화해 줄 것을 커닝햄 시의원에게 요청하는 자리란 것을 너무나 잘 인지하고 있는 분들이다.

6명만이 참석했다. 이 경사스러운 행사가 아주 볼품없이 되고 말았다.

코리아타운번영회 이희덕 회장과 부동산업자인 임향근 부회장은 뒤늦게 코리아타운번영회에 가입했고 특히 이희덕 회장은 김진형 명예회장이 추대하여 회장이 되었음에도 공연히 김진형을 버거워하여 가능하면 멀리 하게 되었다. 그래서 김진형은 코리아타운번영회 명칭을 피하고 데이비드 현을 회장으로 하는 코리아 시티 잉크(Korea City, Inc.) 명의로 LA시정부에 설계도면을 제출하였던 것이다.

이 현판식에는 쏘니아 석 여사도 참석했다고 후에 전해 들었다. 영문도 모르는 쏘니아 석 여사는 후일 김진형에게 "김 회장, 왜 코리아타운 현판식에 나오지 않았어요?"라고 물었지만 그저 연락받지 못했다고 대답하였다. 이민 1세 시대에는 캘리포니아주 의회 의원으로 정치인도 있었지만 1970년 당시 LA시정부에 관여하고 있는 한인이라고는 쏘니아 석 여사 한 분이 유일했다. 브래들리 시장이 선거에 당선되고 LA시 역사상 처음으로 한인이 LA시정부에 발을 붙인 것이었다.

1981년 미국 최초로 코리아타운 파출소 설립

미국은 개인들이 신고만 하면 무기를 소지할 수 있는 사회다. 따라서 개인이 무기 소지를 할 수 없는 나라에서 살던 한인들에게는 미국 생활에 많은 주의가 필요함을 느끼고 김진형은 미국 경찰들에게 한인들이 미국 생활에 잘 적응하지 못함을 알리려고 노력하였다. 최근의 근대화된 한국과는 달리 어려운 시절에 미국에 온 한인들은 미국인들처럼 신용카드나 수표를 사용하지 못하고 현찰을 주로 지참하고 다녔기에 가난한 흑인이나 남미계 강도들이 권총을 가지고 한인들을 대상으로 벌이는 강도 범죄가 코리아타운에서 빈번히 일어나고 있었다.

더욱이 김진형이 미래의 코리아타운으로 설정한 지역에 한인 상가가 활기를 띠자 한인 업주들이 노동력이 싼 남미계 사람들을 고용하기 시작하였다. 아침이면 하루 벌어 하루를 사는 남미계 막노동자들이 한인 상가 중심지 공터에 모였다. 한인들은 거기에서 일꾼들을 데려가서 집을 고치거나 상점의 막일을 시키거나 잡다한 일을 하게 하였다. 그들 남미계 막노동자들은 거의 다 불법체류자들이었다. 그들이 범죄를 일으키곤 했다.

코리아타운번영회는 LA경찰후원회를 조직하고 범죄예방에도 각별한 노력을 기울였다. 김진형은 코리아타운을 관할하는 윌셔 경찰서와 친선을 도모하기 위하여 1980년부터는 매해 모범 경찰관을 선정하여 시상식을 갖기도 하였다. LA는 경찰관들이 모두 경찰서로 출퇴근하고 범죄 신고를 받으면 경찰서장의 지시에 따라 자동차로 출동하여 현장에 달려가서 사건을 처리하는 시스템이다. 그런데 한인들은 강도를 당해도 우선 영어가 안 되어 당장에 신고하지 못하기 일쑤다. 더구나 경찰서가 코리아타운에서 멀리 떨어져 있으니 달려가 신고해도 범인들이 모두 달아난 뒤여서 속수무책으로 당하고만 있어야 했다. 다행히 범죄자를 붙잡았을 경우도 통역이 옆에 없으니 범죄자는 오히려 자기가 옳다는 주장을 내세우면 영어가 통하지 않아 말문이 막힌 한인은 사건을 설명하지도 못해 오히려 불리해지는 경우가 수없이 발생했다. 경찰에는 남미계 사람들도 많아서 남미계 사람들은 경찰과 대화가 되는데 우리는 한인 경찰관이 거의 없는 상태여서 범죄를 당하고도 언어불통으로 불리한 처지로 내몰렸다. 그리하여 코리아타운 안에 통역관이 상주하는 파출소가 있으면 하는 소리가 사방에서 들려 왔다.

김진형은 제10지구 담당 데이비드 커닝햄 시의원과도 가깝게 지내는 사이고 톰 브래들리 LA시장과 존 페라로 LA시의장과도 친분이 쌓인 사이여서 우선 파출소를 세워 달라는 요청을 해보기로 결심하였다. 물론 이 파출소 설립 문제는 LA 경찰제도에는 없는 일이어서 힘들 것이란 생각은 하고 있었다. 게다가 톰 브래들리 LA시장은 경찰에서 20여 년을 지낸 사람이고 존 페라로 LA 시의장도 경찰 커미셔너로 오래 봉직한 분이어서 파출소 설립은 힘들 것이란 예상은 하고 있었다. 그러나 한인들에게는 다급한 문제여서 시도해 보기로 한 것이다.

당시 코리아타운번영회 회장직은 한국 전통기와집을 지어 영빈관이란 식당을 개업하고 VIP쇼핑센터란 이름으로 청기와 2층 쇼핑센터 건물을 지은 이희덕 씨가 맡고 있었다. 파출소를 유치하려면 우선 파출소가 될 마땅한 장소가 있어야 하므로 매달 지출하는 임대료 등을 감안할 때 선뜻 이를 추진하자는 제의를 하지 못하고 있던 차였다. 그런데 코리아타운번영회 김호민 부회장이 8가와 노르만디 거리 남동쪽 코너에 2층 건물을 구입하여 지하에 대형 식품점을 개업하였는데 그 건물 1층 코너의 빈 가게를 무료로 파출소로 내놓겠다는 의사를 김진형에게 전달해와 이 안건이 신속하게 진행되었다. 만약 김호민 부회장이 코리아타운 요지에 파출소 장소를 무료로 제공하지 않았다면 코리아타운파출소 설립은 우리 이민사에 없었을지 모른다. 왜냐하면 당시는 LA의 한인들이 모두가 힘들게 살던 시대여서 한인사회를 위하여 일하기보다 우선 자기 자신의 호구지책(糊口之策)이 더 급했기 때문이다.

이 안건은 LA한인들 모두가 바라던 문제였기 때문에 바로 번영회 이사회에 상정되어 의결을 거쳐 공문서를 작성했다. LA시정부에 한인의 파출소 문화의 배경을 상세히 설명하고 영어 소통이 불편한 한인들의 범죄 행위 신고의 어려움을 충분히 설명하는 내용을 자세하게 문서화하였다. 그리고 통역관이 상근하는 파출소 유치가 한인들에게는 절대적으로 필요하다는 설명서를 공문서에 첨가하여 제출하였다. 한인 커뮤니티를 위하여 LA 경찰 역사상 전혀 없던 파출소 설치에 LA정치인들이 동의해 준다는 것이 거의 불가능한 일이라 생각이 들었지만 한인들이 너무나 범죄에 시달리고 있어서 일단 시도해 본 것이다.

김진형은 일단 코리아타운번영회 이름으로 밀고 나가보았다. LA시장은 LA시의회가 가결한 안건에 대하여 거부권(Veto Power)을 가지고 있기 때문에 LA시장에게도 한인들에게 파출소가 절대적으로 필요하다는 설명을 해야 했다. LA시장은 3분의2 이상 시의원이 가결한 안건에 대하여는 거부권을 행사할 수 없지만 과반으로 가결된 안건은 거부권을 발동할 수 있기 때문이다. 15명의 시의원으로 시의회를 구성하고 있는 시의회에서 통과만 되면 LA시장은 가까운 사이여서 잘 설명해보리라 생각하며 김진형은 우선 데이비드 커닝햄 시의원에게 이 안건을 통과시켜 달라고 부탁하였다. 코리아타운 파출소 설치의 조건은 코리아타운 파출소에는 항상 2명의 경찰관이 자리를 지켜야 하며 한인 통역관이 상주한다. 또, 범죄 신고가 접수되면 경찰 본청에 즉시 연락하여 경찰관을 출동시켜 한인 통역관이 사건에 대한 설명을 하여 사건을 처리한다는 내용이다.

번영회가 공문을 제출한 지 약 6개월이 지난 즈음 커닝햄 시의원은 김진형에게 통역관의 월급을 줄 예산 책정이 없으니 통역관의 월급을 번영회가 책임지는 조건이라면 파출소 설치가 가능할 것 같다고 했다. 김진형은 당시 LA시의회 재정위원장이었던 제브 야로슬라브스키 (Zev Yaroslavsky) 시의원과 상의해보았다. 존 페라로 LA시의장과 함께 일본과 한국을 셋이서 함께 방문한 이후 가깝게 지내던 사이여서 통역관의 월급 문제를 논의해 보았지만 LA시정부의 예산 부족으로 힘들다고 했다. 그러나 야로슬라브스키 시의원은 만일 코리아타운번영회가 통역관의 월급을 우선 지불하는 조건이라면 먼저 파출소를 개설하고 결과가 좋으면 이듬해부터는 예산을 편성할 때 통역관의 월급책정을 해보겠다고 약속하였다. 이리하여 코리아타운 안에 LA 역사상 유례없는 파출소가 개설되었다.

김진형은 이사들에게 사사건건 돈을 내라는 말이 나오지 않아 자비로 파출소의 사무용 기물을 장만하였다. 윌셔 경찰서는 파출소 장소를 점검하고는 경찰관이 근무하려면 사무실 앞 전면 유리와 창문 등을 모두 방탄유리로 대체해달라는 요청을 해왔다. 김진형이 이번에도 자비로 파출소의 유리문과 창문 등 일체를 방탄유리로 대체하고 나서야 경찰관이 파출소 근무를 시작하였다.

뒷페이지에 실린 사진과 문서는 LA한인역사박물관 민병용 관장의 저서 'LA코리아타운과 한국의 날 축제'란 책에 기록된 LA 코리아타운파출소에 대한 역사적 기록이다. 김진형 코리아타운번영회 명예회장은 매달 주는 통역관의 월급을 코리아타운 경찰후원회를 조직하여 코리아타운의 영세 상가에서 모금하여 주는 일이 무척이나 힘겨웠다. 그래서 LA시정부의 재무담당 위원장인 제브 야로슬라브스키 시의원에게 끊임없이 LA시 예산으로 책정할 것을 요구하여 파출소 오픈 3년 만에야 LA시 예산으로 월급을 줄 수 있게 되어 코리아타운번영회의 짐을 덜게 되었다.

코리아타운 파출소.

LA시의회의 코리아타운 통역관
월급 예산 결의에 대한 의사록.

한편 코리아타운에서 파출소를 본 중국 커뮤니티에서도 파출소 설립을 추진하여 중국타운 한복판에 중국타운 파출소도 설립되었다. 그리고 LA시에 산재하고 있는 다양한 민족 커뮤니티에서도 파출소를 설치할 것을 요구하였다. 그러자 LA시정부는 아예 코리아타운파출소를 폐쇄하고 코리아타운 안에 경찰서를 세우기로 추진, 결국 올림픽 경찰서가 코리아타운 안에 탄생하게 된다.

한편 존 페라로 LA시의장은 김진형을 무척 좋아했다. 존 페라로 시의장의 지역구는 제4지구로 코리아타운 지역구의 바로 북쪽에 위치했는데 후일 코리아타운 지역구가 확장되면서 그 지역 남쪽의 많은 부분이 코리아타운 경계 안쪽으로 편입되었다. 존 페라로 시의장의 비서실장인 톰 라본지(Tom LaBonge)는 자기가 모시는 시의장님이 가까이하는 김진형을 친구처럼 대했다. 존 페라로 시의장이 2001년에 타계(他界)하자 뒤를 이어 시의원으로 출마하여 당선되었고 LA시의회 부의장으로 선출되었다. 따라서 김진형은 LA시의회의 여러 시의원들과 친분을 쌓게 되어 한인 커뮤니티를 위해 일하기가 무척 편해졌다.

코리아타운
역사에 대한 오류

미주 한인 이민 역사서인 '재외동포사'의 오류

LA주재 대한민국 총영사관의 신연성 총영사가 코리아타운을 형성하였다는 공로를 인정하여 감사장을 주었다. 그리고 민병용 관장이 저술한 LA코리아타운과 한국의 날 축제(부제: 로스앤젤레스 코리아타운 만들고 한국의 날 퍼레이드를 창시하다)란 책에는 김진형이 코리아타운을 만들었다는 내용이 나온다. 그러나 주류언론에 보도가 되지 않은 점을 이용해 몇 명이 자서전이나 언론에 자기가 코리아타운을 만들었다는 거짓 주장을 내세웠다. 그러나 그냥 참고 넘기고 있었던 것은 훗날 역사가 증명할 것이라 생각하고 있었기 때문이다. 그런데 미주 한인 이민 역사서에서조차 잘못된 역사를 기술하고 있음을 보고는 시정해야 한다는 결심을 하지 않을 수 없었다.

주위에서 인터넷 (https://db.history.go.kr)에 떠도는 '재외동포사 총서 미국 편 제3장 제2부 코리아타운의 형성과 발전'이란 해외 이민 역사서의 글을 읽어 보라고 알려왔다. 왜곡된 LA한인 이민 역사의 문헌이니 시정해야 한다는 권면이었다. 김 진형은 아직도 생존하고 있고 컴퓨터에서 글도 쓸 수 있는데 '김진형이 이루어 놓은 일'들을 모두 깡그리 이희덕이란 사람이 이룬 것으로 잘못 기록한 미주 한인 이민 역사서인 '재외동포사 총서'가 세상 사람들이 모두 애용하는 인터넷 구글(Google)에 버젓이 나돌아 읽히고 있으니 다음과 같이 오류를 바로잡고자 한다.

첫째, 역사서에서는 김진형이 LA코리아타운을 공식적으로 LA시정부에서 인가를 받기 이전에도 LA에 코리아타운이 존재한 것처럼 기록하고 있다. 그러나 하와이 1세 이민자들이 LA로 이주하여 회관을 짓고 여러 집이 모여 살던 지역은 있었으나(현재도 역사적 기념물로 남아 있음) 코리아타운이라고 할 수 있는 타운의 규모는 아니었다.

둘째, LA역사상 아니, 미국 전역의 역사상 LA시정부가 한 것처럼 지방정부가 코리아타운을 공식화한 사실이 전혀 없다. 지방정부가 공식화한 '코리아타운'은 1980년 12월 8일, 미국에서 LA가 최초였다.

셋째, 코리아타운 설계도면이 '코리아타운번영회'란 명의를 사용하지 않고 '코리아 시티 잉크(Korea City, Inc.)' 명의로 LA시청에 신청된 사연이 있다.

앞에서도 밝혔듯이 김진형이 1972년부터 올림픽 거리(Olympic Boulevard)에 한글 간판 달기 운동을 펼치고 1974년에 올림픽 거리에서 제1회 코리안 축제와 퍼레이드를 성공적으로 하던 때까지도 이희덕 올림픽식품 사장은 김진형이 조직한 코리아타운번영회에 얼굴 한번 비친 적 없고 번영회 회비를 단돈 1불도 낸 사실이 없다. 자기 사업에만 열중하여 번영회에는 무관심으로 일관했다.

오히려 한글 간판상이 없던 시절이어서 김진형이 손수 사다리와 페인트 통을 차에 싣고 다니며 거리에 한글 간판들을 쓰고 다녀 한글 간판들이 자꾸 나붙자 LA의 한인들이 이 거리에 와서 쇼핑하는 바람에 한인 취향에 맞는 식품들을 팔던 이희덕 사장은 떼돈을 벌기 시작하였다. 1975년 5월에는 올림픽식품에서 벌어들인 돈으로 영빈관 식당과 VIP쇼핑센터라는 두 채의 기와집을 지어 큰 사업가로 변신한 이희덕 사장은 부동산업자인 임향근이란 사람과 함께 1977년 초에 찾아와서 두 사람 모

김진형·유분자씨
이승만 사업회 애국자상

건국 대통령 이승만 박사 기념사업회 미주총회(회장 이희덕)는 지난 25일 서울국제공원 체육관에서 열린 이승만 박사 탄신 132주년 기념행사에서 한인타운 올드타이머인 김진형 LA카운티 커미셔너와 유분자 전 간호협회장에게 제1회 애국자상을 수여했다.

이승만 박사 기념사업회 이희덕(오른쪽) 회장이 김진형 커미셔너에게 애국자상을 수여하고 있다.

이희덕 회장 자신이 김진형 회장이 코리아타운을 개척하고
한국의 날 축제를 창립하였음을 밝히며 수여한 애국자상 상패.(오른쪽)
위는 '리승만박사 기념사업회' 미주 총회(회장 이희덕) 주최로 이박사
탄신 132주년 행사에서 이희덕 회장(오른쪽)이 김진형에게
'애국자상'을 수여했다는 2003년 3월 30일자 미주 한국일보 기사.
이날 유분자 전간호협회장에게도 애국자상을 수여했다.

두 가입할 테니 코리아타운번영회 회장을 시켜달라고 했다. 당시에는 영향력 있는 한인을 한 사람이라도 더 영입하여 코리아타운을 성공적으로 만드는 것이 목적이었기 때문에 김진형은 1978년 회장 선거 때 이사들을 설득하여 이희덕 사장을 번영회 회장으로 추대하였다. 회장으로 취임한 이회장은 임향근 이사와 함께 김진형 당시 이사장을 도외시(度外視)하려고 했으나 이에 대적하지 않았다. LA 시정부로부터 코리아타운을 공식화하여 코리아타운이란 푯말을 달고 코리안 커뮤니티를 만들어 우리의 목소리를 낼 수 있게 하는 것이 최종 목적이었기 때문이다.

이희덕 사장이 올림픽가의 빈 땅들을 매입하고 한국에서 한국 기와를 수입하

여 정통 한국식 기와집을 지은 것이 코리아타운 형성의 분위기에 크게 기여한 것은 사실이다. 그러나 기와집을 지었다 하여 그 광활한 넓은 땅을 상대로 내가 코리아타운을 만들었다고 주장한다면 그것은 과장된 거짓말이다. 다만 우리도 코리아타운을 형성하는데 일조하였다고 한다면 그것은 충분히 받아들일 수 있다. 엄격하게 말한다면 그들이 기와집을 짓게 된 것 또한 김진형이 그 지역에 한글 간판을 많이 달아놓고, 코리안 축제와 코리안 퍼레이드를 통해 한국적 거리 분위기를 조성한 덕분이라고 할 수 있지 않을까? 그런 풍경을 만들지 않았더라면 그 지역에 뜬금없이 기와집을 지었을까? 게다가 이희덕 회장이나 임향근 부회장은 매해 적자인 코리안 축제 행사에는 전혀 아는 체도 하지 않았다. 따라서 축제 창시자 김진형이 매해 축제를 관장하고 적자를 메꾸어 나갔다. 그러면서도 이희덕 사장은 코리아타운번영회 회장이 되고 임향근 씨가 부회장이 되자 번영회의 주도권을 잡으려고 노력하였다. 김진형 명예회장이 무언가 의견을 내세우면 현 회장단이 하는 일에 간섭하지 말라며 무조건 반대하는 바람에 김진형은 커닝햄 LA시의원이 코리아타운 설계도면을 요청할 당시 '코리아타운번영회'란 명의를 사용하지 않고 데이비드 헌 설계사와 상의하여 '코리아 시티 잉크(Korea City, Inc.)' 명의로 LA시청에 설계도면을 신청하였던 것이다.

코리아타운 공식 서명식을 외면한 한인 언론들

LA시의회에서는 LA시 도시계획국 칼빈 해밀턴(Calvin Hamilton) 국장과 LA코리아타운 특별 플랜의 발의자인 제10지구 데이비드 커닝햄 시의원 사이에 그의 시행을 발효하는 공식 서명식을 가졌다. 이날부터 코리아타운 경계구역은 정식으로 LA시정부의 인정을 받았고 코리아타운 특별 플랜에 따라 LA의 코리아타운을 개발하게 된 것이다. 이날 코리아타운 경계를 확정하고 시행하려는 LA시 정부의 도시계획 국과 LA시의회 제10지구 시의원 사이의 조인식에는 플랜의 도면 제출자인 김진형 코리아타운번영회 명예회장과 LA시 인간관계 커미셔너였던 쏘니아 석 여사 그리고 데이비드 현 설계사와 그의 아들 데이비드 현 주니어 설계사가 초대되어 LA시의회 에서 거행하는 조인식에 박수를 받으며 입장하였다.

LA시정부에서는 한인 언론사들을 모두 초청하였지만 이경원 발행인이 발행 하던 '코리아타운 타임스'란 주간 신문만이 단독으로 취재하여 이 광경을 보도하였 다. 이경원 발행인은 어릴 때 미국에 와서 미국에서 교육받은 언론인으로 당시 '코리 아타운'이란 신문은 한영 이중 언어로 발행한다고 하였지만 주로 영문판으로 발행 되고 있었다. 구독자가 소수여서 적자운영을 면치 못한데다가 1980년 중반경에 이 경원 대기자의 지병이 악화되어 입원하면서 폐간되었다. 다행히 LA한인역사박물관 민병용 관장이 후일의 뜻이 있어 이 신문들을 보존하고 있었기에 현재 남은 단 한 장 의 귀한 역사적 자료로 LA한인역사박물관에 소장되어 있다.

김진형은 이경원 '코리아타운' 발행인이 그날 취재한 사실을 전혀 알지 못하고 있어서 그런 기사가 있었는지 알지 못했다. 민병용 관장이 2018년 9월 10일에 코리 아타운의 형성 과정을 기록한 책을 펴낸 후에야 이 사진을 책에서 발견하고 너무나 기뻤다. 이렇듯 LA시정부가 인정하는 코리아타운의 탄생을 알리는 낭보(朗報)를 언 론사들이 전혀 알리지 않아 이를 모르고 있던 LA한인들은 8개월 뒤에 LA시장이 코 리아타운 표지판을 전신주에 다는 의식을 거행하면서 그때 비로소 코리아타운의 경 계가 공식화되었다는 사실을 알게 되었다. 1970~1990년대의 LA한인 언론사들은 사회의 공기(公器)로서 그 책임을 다하지 못하는 일이 다반사였다. 미국 로스앤젤레 스 시정부에서 한인 이민 역사상 처음으로 코리아타운의 위대한 탄생을 고하는 경 사스러운 사건인 '코리아타운 경계 시행령 서명식'을 취재하지 않은 언론사들은 그 이유를 뭐라고 변명할까? LA 한인 언론의 오점(汚點)으로 우리 이민사에 기록될 것이다.

유일하게 진실을 보도한 이경원 대기자

원래 김진형은 코리아타운번영회 이름으로 코리아타운 경계구역을 설정하는 도면을 제출하려 하였으나 이희덕 씨가 1978년에 코리아타운번영회 회장에 취임하고 나서는 명예회장인 김진형을 배척하여 사사건건 뜻을 거스르자 설계사의 이름을 빌려 그를 대표로 하고 김진형을 부대표로 하는 '코리아 시티 잉크(Kore City, inc.)'라는 이름으로 LA시정부에 도면을 제출하였다. LA시의 도시계획국 직원들은 모두 코리아 시티 잉크라는 회사가 곧 김진형의 코리아타운번영회라는 것을 알고 있고 데이비드 현이 그들과 함께 '재패니즈 빌리지'를 성공시킨 사례도 있어서 그들은 데이비드 현을 무조건 따라 주었다.

그런 가운데 미국의 대기자로 활약하고 있던 이경원 기자는 김진형이 엉성하게나마 코리아타운의 윤곽을 형성하고 있을 당시 LA에 와서 그가 지병으로 병원에 입원하기 전 짧은 기간 동안 코리아타운 타임스란 영문 주간지를 창간하여 운영했다. 김진형과는 일면식도 없었지만 김진형이 진행하고 있는 '코리아타운 형성 사업'을 가끔 보도했다. 김진형도 그 주간지를 어쩌다 한번 본 적이 있지만 김진형이 코리아타운을 형성하려고 노력하고 있다는 기사를 게재하고 있다는 사실을 전혀 알지 못했다.

그런데 민병용 관장이 한국일보 LA지사에서 기자 생활을 할 당시 특히 한인이민역사에 관심을 갖고 하와이 한인1세들의 이민사를 주로 기사화하면서 이민사에

대기자 이경원.

남을만한 증거물품들과 기록물들을 수집해 놓아 둔 것들 중에 이경원 대기자의 영
문 신문이 남아 있었던 것. 이경원 대기자는 코리아타운 설계도면을 제작한 데이비
드 현을 만나서 인터뷰한 사실도 있었지만 데이비드 현이 그 이야기를 하지 않아 김
진형은 그런 기사가 나간 줄 몰랐다. 민병용 관장은 김진형이 자서전을 쓴다고 하자
소장하고 있는 이경원 대기자의 기사를 복사해 제공하여 주었다.

코리아타운 표지판 현판식(懸板式) 기사

'코리아타운(Koreatown)' 표지판의 현판식은 김진형이 미래의 코리아타운 경계확
정을 위한 설계도면을 제출한 것에서 시작된다. 이 설계도면을 LA시정부가 접수하
여 정치, 경제, 사회에 미치는 여러 가지 영향에 대한 검토가 이루어진 후 이 안건이
LA시의회에 넘겨져 LA시의회에서 코리아타운 경계 확정이 가결되었다. 그리고 이
를 다시 행정부가 법적으로 공식화하는 시행령을 공포해 코리아타운 경계가 공식적
으로 확정됨으로써 코리아타운이란 경계를 표시하는 표지판이 코리아타운 경계 거
리에 걸리게 된 것이다.

그러나 지난 8년 동안 김진형이 되지도 않을 헛수고를 한다며 비난만 하던 LA

의 언론사들은 난감했는지 취재를 모두 거부해오다가 LA시 거리에 코리아타운이란 경계를 표시하는 표지판(標識板)을 붙임으로써 코리아타운을 공식화하는 현판식을 거행하자 어쩔 수 없이 기사를 내보냈다. 그들은 김진형이 그간 진행해온 코리아타운 경계 확정을 위한 과정과 LA시의회의 절차를 모두 무시하고 다짜고짜 존 페라로 LA시의장과 톰 브래들리 LA시장이 마음대로 코리아타운 구역을 지정한 양 보도하였다.

LA 한국일보는 미국 땅에 최초로 코리아타운이란 경계 구역이 법적으로 공식화되는, LA한인들에게는 아주 대단히 경사스러운 코리아타운 탄생을 달랑 사진 한 장으로 코리아타운의 경계가 확정되었다는 기사를 게재했다. 어떤 경로로 LA시정부가 코리아타운의 경계 구획을 인정하여 코리아타운이 공식화되었고 코리아타운이란 표지판을 붙이게 되었다는 설명도 없이 LA한국일보에는 그저 '코리아타운'이란 것을 LA시정부가 인정하였다는 기사가 나왔을 뿐이다. 여기에 더하여 LA중앙일보는 존 페라로 LA시의장이 LA시의원들을 설득하여 코리아타운 경계가 확정되었다는 잘못된 기사를 내보냈다. 미국 땅에 한인들이 안심하고 서로 도우며 모여 사는 보금자리를 만든 코리아타운은 한인 이민 역사에 빼놓을 수 없는 경사인데 김진형을 기피한 나머지 언론인들로서 사회에 대한 책임과 의무를 저버린 것이다. 따라서 한인들의 감격스럽고 경사스러운 행사가 졸속으로 묻히고 말았다. 그러나 김진형은 어차피 상을 받으려 시작한 일도 아니고 어려운 한인들을 돕고 싶은 애국심으로 한 것이니 목표를 달성한 것으로 만족하자고 마음을 다잡았다. 어쨌든 코리안 퍼레이드를 성공시켰을 때처럼 LA시정부가 코리아타운을 공식 인정했다는 점에 가슴 벅찬 희열을 느꼈다.

LA한인 신문과 끈질긴 악연

장재구 한국일보 LA지사장은 제2회 코리안 퍼레이드부터 코리아타운번영회 주최 하에 퍼레이드의 주관처가 되어 행사를 진행하되 행사가 끝나면 결산공고를 하고 수익이 생기면 코리아타운번영회와 함께 공익사업에 공동으로 수익금을 사용하기로 약속했다. 그러나 첫해부터 약속을 지키지 않아 김진형과 장재구 지사장 사이에는 해마다 이 문제로 시비와 갈등이 불거졌다. 그러면서 한국일보 LA지사의 기자들은 장재구 지사장을 도우려 김진형의 비행을 찾으려 하였고 기회 있을 때마다 김진형을 건드리는 악의에 찬 기사를 신문에 게재하기 시작하였다. 신문 기사 외에도 코리아타운번영회의 이사 명단에 있는 사람들을 포섭하여 김진형을 코리아타운번영회에서 축출하려는 작업도 여러 번 시도하였다.

LA한국일보 지사가 미주 본사로 승격하면서 장재구 회장이 한국으로 영전되자 그의 뒤를 이은 동생 장재민 회장 역시 코리아타운번영회의 회계처리가 잘못되었다는 등의 시비를 걸어 여러 차례 분란을 일으켰다. 여기에 더하여 1974년 말에 창간된 중앙일보 LA지사도 한국일보 LA지사에 코리안 퍼레이드의 주관을 넘겨준 것에 불만을 품고 대한민국의 이름을 걸고 하는 행사이고 LA의 한국인 모두가 참여하는 코리안 퍼레이드를 김진형 개인이 무슨 권한으로 넘겨주었냐며 헐뜯기 시작하였다.

〈LA 중앙일보 신문 기사〉

한 신문의 전유물이 되어선 안돼

말썽 많은 퍼레이드

공공성 띤 행사가 돈벌이 사업으로 전락

이익 추구하면 범 교포행사 아닌 상행위

자기네 사업 좋게 보도 안 했다고 사설 쓰는 망발 없어야

금년으로 8회째를 맞는 퍼레이드에 브라운 주지사가 그랜드 마샬로 등장하는 등 퍼레이드가 대외적으로 과시하는 효과는 자못 커지고 있다. 퍼레이드가 주최, 주관자만의 행사로 그치는 차원을 넘어섰다는 사실은 금년의 규모로 충분히 나타나고 있다. 그렇기 때문에 이 행사가 특정 단체나 한 언론만의 행사가 되어서는 안된다는 것이 중론이다. 더욱이 공공성을 띠는 행사가 돈벌이를 위한 행사로 전락해서도 안될 것이다.

금년 퍼레이드에 동원된 꽃차가 26대라고 주관처는 밝히고 있다. 주관처는 꽃차를 낸 단체나 업소로부터 대당 2천5백 달러를 참가비로 받았으며 꽃차를 내지 않은 업소에는 1개 3백 달러씩 깃발을 팔았다. 어떠한 상행위에도 이익을 바라지 않는 상행위는 있을 수 없는 것이지만 이 퍼레이드가 이익을 추구하고 있다면 범 교포적인 행사라기보다 상행위에 지나지 않는 것이다.

제1회 한국의 날 퍼레이드를 주최 주관했던 오랜지 카운티타운번영회가 밝히는 내용으로는 꽃차의 대당 제작비가 8백 달러-1천 달러 정도로 알려져 있다. 8회째의 퍼레이드를 진행해 오는 동안 일체의 비용은 교포들로부터 갹출해 왔기 때문에 상당한 수익이 따랐을 것은 당연한 결과이다. 당초 재정적으로 어려움을 겪고 있는 코리아타운번영회가 퍼레이드에 따른 수익금의 일부를 요구해 왔으며 작년 수익금 중 5천 달러와 금년 퍼레이드 전에 예상되는 수익금에서 5천 달러를 합쳐 1만 달러를 주기로 합의했었다는 것이다. 그러나 이것을 아드모어 공원에 8각정을 짓는 기금으로 내놓겠다는 약속은 흐지부지 되고 말았다.

문제의 초점은 바로 여기 있는 것이다. 이것이 주최 주관처 만의 행사라면 문제될 것이 없고 주최 주관처에서 투자하는 상행위라면 얼마가 어떻게 쓰여지건 상관할 일이 아닌 것이다. 퍼레이드가 교포들의 성원으로 이루어지고 있고 공공성을 띠는 행사

라면 당연히 손익계산서를 공개해 교포사회에 환원해야 마땅하다.

설혹 아무런 이익 없이 행사를 진행한다고 해도 결산 공고를 통해 교포들에게 이를 알림으로써 떳떳한 입장이 될 수 있는 것이다. 코리아타운번영회는 퍼레이드를 진행할 때마다 타운번영회가 금전문제 등 일체를 주관해야 한다고 주장해 왔다. 봉사단체로서의 타운번영회가 이렇게 주장해 온 것은 수익을 단체 발전에 전용하기 위한 것으로…

코리안 퍼레이드가 인기 폭발하여 광고가 많이 들어오기 시작하였고 대한항공 장재민 회장과 코리아타운번영회 양측에서 3명씩 대표들이 모여서 1982년 7월 19일 합의서를 작성하고 서명하였다.

한국의 날 행사 합의서

나성 코리아 타운 번영회를 "갑"이라 칭하고 한국일보 나성 지사를 "을"이라 칭하며 갑과 을은 아래와 같은 사항을 공동으로 이행 할것을 합의한다.

1. ~~을은 갑의 주최권을 인정하고~~ 주최권자인 갑은 을의 단독 주관권을 인정하여 매년 퍼레이드가 성공리에 걸쳐 지도와 적극 지원하고 협조한다.
주관을 놓고 번영회 이사회가 더 이상 거론하지 않는다.

2. 퍼레이드 행사 허가신청은 갑과 을이 공동 명의로 한다.

3. 을은 퍼레이드가 끝난후 최단시일안에 결산서를 작성, 공개한다. 행사수익자가 생겼을때는 그 전액을 공익사업을 위해 쓴다. 공익사업의 대상은 갑과 을이 공동협의 결정하고 사업을 실현하기 위한 구체적인 사항은 갑과 을이 합의하는 별도 규정에 따른다.

4. 퍼레이드를 집행함에 있어 오픈카 승차인원 선정등 각 프로그램을 갑과 을이 공동 작성한다.

위 사항을 공동으로 합의 서명하여 2부를 작성 갑과 을이 각자 공동 보관한다.

1982년 7월 19일

갑 : 코리아 타운 번영회 회장 이희덕
한국의날 행사 창시자 [illegible] 김진형
제 9회 한국의날 행사 집행위원장 김기성

을 : 한국일보 미주본사 사장 장재민
한국일보 미주본사 부사장 조창현
한국일보 미주본사 부사장 신창숙

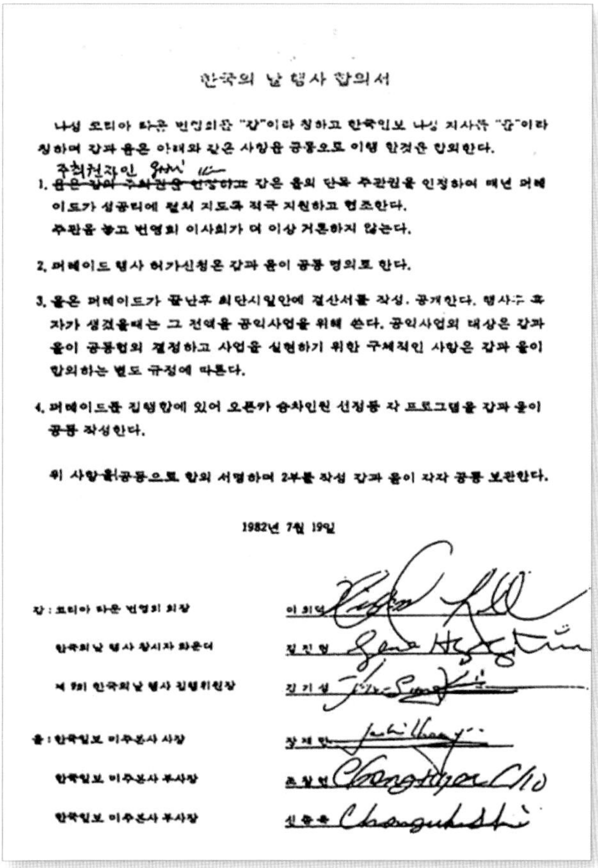

에 이어 아시아나 항공도 취항하고 본국에서 온 은행들 그리고 큰 기업들도 많이 생겨 LA한국일보는 코리안 퍼레이드로 막대한 광고 수입이 발생했다. 그럼에도 불구하고 코리아타운번영회와 계약을 뭉개버리고 매해 적자인 코리안 축제를 김진형의 사비로 충당하게 되니 김진형은 계약 이행을 하지 않는 LA한국일보와 싸움이 잦을 수밖에 없었다.

LA한국일보는 코리안 퍼레이드를 주관하면서부터 그 세가 날로 번창하여 어느덧 뉴욕에 한국일보 지사를 설립하고 김진형에게 뉴욕에 가서 코리안 퍼레이드를 창시하는 것을 도와줄 것을 요청하였다. 당시 정홍택이란 사람이 뉴욕 한국일보 지

사장을 맡았었는데 김진형은 정홍택 뉴욕 지사장과 한방에서 숙식을 같이하며 뉴욕 한인 퍼레이드 창시를 도와주었다.

제1회 뉴욕 코리안 퍼레이드 행진대 맨 앞에 뉴욕 한인회 대표들이 도보 행진으로 선두에 섰을 때 김진형도 그 선두에 서서 행진해 나갔다. 아쉬운 것은 그 사진을 간직하지 못한 것이다. 이후 LA한국일보는 시카고, 샌프란시스코 등지에도 지사를 설립하면서 한국일보 LA지사는 미주 한국일보 본사로 명칭을 바꾸었고 장재구 지사장은 회장으로 호칭하게 되었다. 그리고 1981년 한국 본사의 임원으로 발령받아 떠나면서 그의 동생인 장재민이 미주 한국일보 회장으로 취임하였다. 그 역시 1981년 코리안 퍼레이드의 결산공고를 하지 않자 김진형이 강력하게 요구, 결국 합의서를 작성하기에 이른다.

장재민 미주 한국일보 회장은 취임 다음 해인 1982년 조창현 전 부사장 겸 편집국장과 신종욱 부사장 겸 광고국장을 대동하고 김진형과 대적하려 하였지만 워낙 이치에 부당한 입장이어서 결국 합의서를 만들어 이를 이행하기로 약속하기에 이르렀다. 그리고 양자 대표들이 만나 합의 문서에 서명하는 의식까지 가졌다. 양측에서 3명의 대표들이 합의서 서명식에 참가하였다. 코리아타운번영회 측 대표로는 코리아타운번영회를 창설하고 코리안 축제와 코리안 퍼레이드의 창시자로 번영회 이사회의 정관에서 영구 종신 명예회장으로 문서화 된 김진형, 그 당시에 번영회 회장으로 추대되었던 이희덕 회장, 1982년의 코리안 축제와 퍼레이드의 집행위원장으로 위촉된 김기성 위원장(전 LA한인회 회장)이 함께 합의서에 서명날인하고 이를 지키기로 약속하였다. 그러나 장재민 회장은 합의문을 만들어 합의사항을 이행하기로 약속하고 양자가 만나 합의서에 친필 서명까지 하였는데도 그 합의문을 지키지 않았다.

〈한국의 날 행사 합의서〉

나성 코리아타운번영회를 갑이라 칭하고 한국일보 나성지사를 을이라 칭하여 갑과 을은 아래와 같은 사항을 공동으로 이행할 것을 합의한다.

주최권자인 Gene Kim

1. 을은 갑의 주최권을 인정하고 갑은 을의 단독 주관권을 인정하여 매년 퍼레이드가 성공리에 펼쳐지도록 적극 지원하고 협조한다. 주관을 놓고 번영회 이사회가 더 이상 거론하지 않는다.

2. 퍼레이드 행사 허가 신청은 갑과 을이 공동 명의로 한다.

3. 을은 퍼레이드가 끝난 후 최단시일 안에 결산서를 작성, 공개한다. 행사 후 흑자가 생겼을 때는 그 전액을 공익사업을 위해 쓴다. 공익사업의 대상은 갑과 을이 공동 협의 결정하고 사업을 실현하기 위한 구체적인 사항은 갑과 을이 합의하는 별도 규정에 따른다.

4. 퍼레이드를 집행함에 있어 오픈카 승차인원 신청 등 각 프로그램을 갑과 을이 공동 작성한다.

위 사항을 공동으로 합의 서명하여 2부를 작성 갑과 을이 각각 공동 보관한다.

　　1982년 7월 19일

갑: 코리아타운번영회 회장　　　　　이희덕　　　친필 서명

　　한국의 날 행사 창시자 파운더　　김진형　　　친필 서명

　　제9회 한국의 날 행사 집행위원장　김기성　　　친필 서명

을: 한국일보 미주본사 사장　　　　　장재민　　　친필 서명

한국일보 미주본사 부사장	조창현	친필 서명
한국일보 미주본사 부사장	신종욱	친필 서명

코리아타운번영회는 미주 한국일보와 맺은 위와 같은 합의서에 따라 코리안 퍼레이드가 폐막되면 결산공고가 나오기를 기다렸다. 이익금은 공익사업에 쓰도록 하였기에 결산공고를 아무리 기다려도 6개월이 지나도록 장재민 회장은 번영회 측의 결산공고 발표 독촉에도 번번이 무응답으로 일관했다. 당시는 미주 한국일보가 버몬 거리 1가에 큰 건물을 매입하여 사옥에는 경비원도 고용하고 있는 번듯한 언론사로 변모하고 있었다.

김진형이 장재민 회장을 만나러 가도 기자들이나 경비원들이 가로 막아 실랑이를 벌이다가 되돌아오곤 하였는데 장재민 회장은 변호사를 통하여 김진형에게 법적 조치를 하겠다고 적반하장(賊反荷杖)으로 엄포까지 놓았다. 장재민 회장은 부사장 2명을 대동하고 합의 계약서에 친필로 서명까지 한 약속은 헌신짝 버리듯 지키지 않으면서 오히려 합의사항을 이행하지 않는다고 항의하는 김진형에게 법적대응을 하겠다고 변호사를 내세웠다. 이런 사주 밑에 있는 기자들이 김진형에게 좋은 기사를 써서 감히 게재할 수 있겠는가? 짐작하기 어렵지 않을 것이다.

오늘날 장재민 회장과 장재구 회장이 형제간에 대대적으로 소송전을 벌이고 있다. 장재구 전 회장은 아우인 장재민 회장을 처벌해 달라고 한국의 대통령 집무실 앞에서 일인 시위까지 한 기사가 LA까지 알려졌다. 김진형은 자신을 괴롭힌 형제들이 온 세상이 다 알게 싸우고 있는 걸 보면서 참으로 인생이란 그런 것인가 씁쓸하다. 오른쪽 편지는 장재민 한국일보 미주본사 회장이 김진형 코리안 퍼레이드 창시자에게 법적 대응을 하겠다며 보낸 변호사의 협박 편지이다.

한국일보 미주본사변호사가
김진형 회장앞으로 보내온
등기 편지.

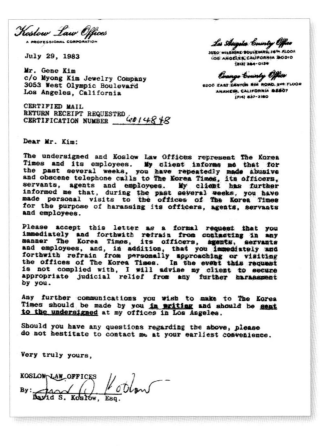

〈한국일보 미주본사 변호사의 편지 본문 번역문〉

김진형 귀하

아래 서명한 코슬로법률사무소는 한국일보와 그 직원들을 대표합니다. 저의 의뢰인은

귀하가 지난 몇주 동안 한국일보, 그의 간부, 고용인, 대리인 및 직원들에게 모욕적이

고 외설적인 전화를 반복해서 걸었다고 알려 왔습니다. 나의 의뢰인은 지난 몇주 동안

귀하가 간부, 대리인, 하인 및 직원을 괴롭힐 목적으로 한국일보 사무실을 개인적으로

방문했다고 추가로 알려 왔습니다.

　한국일보와 그 임원, 대리인과의 접촉을 즉시 중단하라는 요청으로 이 서신을 보

냅니다. 그리고 즉시 한국일보 사무실에 개인적으로 접근하거나 방문하는 것을 자제

하십시오. 이 요청이 받아지지 않을 경우 귀하의 추가 괴롭힘에 대한 적절한 사법적 처리를 하도록 의뢰인에게 조언하겠습니다.

귀하가 한국일보에 전달하고자 하는 추가 커뮤니케이션은 귀하가 로스앤젤레스에 있는 저의 사무실에 있는 아래 서명인에게 직접 친절하게 전달되어야 합니다.

위 사항에 대하여 궁금한 점이 있으시면 주저하지 말고 빠른 시일 내에 저에게 연락을 주십시오.

끝 인사

코슬로법률사무소

변호사 데이빗 에스 코슬로

여담이지만 김진형도 노인이 되고 김진형이 활약하던 시절의 사람들도 모두가 다 노년이 된 2019년 5월 30일, 한국일보 미주본사의 장재민 회장은 LA한국일보 창간 50주년 기념행사를 개최했다. 한인사회의 저명인사들을 모두 초청하여 LA다운타운의 인터콘티넨탈이란 큰 호텔에서 기념식을 성대하게 열었는데 여기에 장재구 회장이 나타났다. 장재구 회장의 심복이고 부사장 겸 편집국장이었던 조창현 씨와 역시 부사장이면서 광고국장이었던 신종욱 씨도 왔지만 장재민 회장과는 마주하지도 못한 채 기념식장 밖에서 서성이고 있었다.

김진형이 조창현 씨에게 다가가 "옛날 그때 나에게 왜 그렇게 못되게 하였는가?"라고 말을 던지자 멋쩍어하면서 "다 아시면서요."라며 말문을 돌렸다. 그 한마디에는 장재구 당시 한국일보 LA지사장의 지시로 그리했다는 뜻이 내포되어 있었다. 미주 한국일보를 만든 장재구 회장은 연단에 올라 기념식에 오신 하객들에게 인사 한 마디 못하고 쓸쓸하게 자리를 떠나야 했다. LA의 모든 저명인사들이 이 광경을 지켜보며 그들 형제간의 비정한 현실에 대한 뒷말이 무성했다.

몇몇 기자들이 소신껏 쓴 김진형에 관한 기사

아래 기사를 쓴 최재웅 기자는 본국에서부터 한국일보 본사의 유능한 기자였으나 김 진형 회장의 좋은 기사를 가끔 게재한 탓인지는 몰라도 취재부장도 못해보고 말단 하급 기자로 지내다가 나이 들어 한국일보 미주 본사에서 은퇴한 뒤 세상을 떠났다.

〈한국일보 - 2007년 9월 7일〉
34년 전 '올림픽가의 감격' 생생 당시 전재산 5,000달러 기부
주위서 '돈키호테' 취급 받기도
애국심 타운사랑 정신 계승을

일본타운에서 '니세이(2세) 축제'가 벌어지는 것을 보고 너무 부러워서 의욕만 가지고 한국의 날 축제를 시작한 것이 벌서 34년 전입니다. 1974년 제1회 한국의 날 축제를 시작했을 때 '니세이 축제'는 34회째였는데 올해로 한국의 날 축제가 34회를 맞았습니다.

LA한인축제재단 김진형(사진) 명예대회장에게는 '한국의 날 축제 창시자'라는 대명사가 따라다닌다. 김 대회장은 1972년 코리아타운번영회를 조직하고 초대회장을 역임하면서 상점마다 한글간판을 손수 써주어 한인타운의 윤곽을 잡은 것은 잘 알려진 사실. 김 대회장은 한국의 날 축제는 한인 이민역사의 이정표라고 말한다.

한글간판들이 내걸리면서 한인상점이 하나 둘씩 늘기 시작했고 LA에 서서히 한인타운이라는 '우리들만의 땅'이 만들어졌습니다. 한인타운이 만들어졌다는 것을 알리기 위해서는 축제의 한마당을 펼쳐야겠다고 생각했지요.

처음에는 김 회장의 축제 아이디어를 '돈키호테 발상'이라며 반대하는 사람이 많았다. 특히 준비를 위해 당시 전재산 5,000달러를 기부한 김 대회장은 독불장군은 보통이고 정신이상자라는 비난까지 감수하며 밤 낮을 가리지 않고 축제준비에 몰두했다. 1974 년 11월 3일. 제1회 한국의 날 축제가 올림픽 블 러버드에서 막을 올렸다. 퍼레이드 시작 1시 간 전인 2시까지도 거리는 한산했다. 김 대회 장은 "퍼레이드 30분을 남기고 갑자기 한인들 이 모이기 시작했습니다. 한인들의 물결이었죠. LAPD가 3,000명 인파를 예상하고 축제허가 를 내주어 2명의 순찰인원을 배치했는데 결국 3만 명의 인파가 연도에 늘어서자 경찰이 저에 게 마구 화를 내더군요. 그래도 너무 감격해서 아무렇지도 않았습니다."하고 회상했다.

당시 LA의 한인 인구가 5만 명을 넘지 않 던 시절이었다. 축제를 계획한 경험이 없다보니 각종 해프닝도 많았다. 축제가 11월 3일에 열린

2007년 김진형의 코리안 퍼레이드를 보고 인터뷰를 요청해 와 마음에 담았던 이야기들을 그대로 대답하였는데 그 말들을 그대로 기사화한 것이다. 이 인터뷰 후에 그 기자를 다시는 볼 수 없었다.

것도 이날을 한국의 개천절로 착각해서 내린 결정이었다. 김 회장은 축제 준비에 정신 이 없어 나중에야 개천절로 착각했다는 사실을 알았다며 웃었다.

퍼레이드를 동쪽에서 서쪽으로 진행하다 보니 사진 기자들은 해를 보며 사진을 찍어야 했다며 언성을 높이기도 했다. 축제를 왜 하느냐며 반대와 비난을 서슴치 않던 단체장들이 오히려 서로 오픈카를 타고 퍼레이드에 나서겠다고 실랑이를 벌이는 촌극 도 벌어졌다. 왜 축제를 시작했느냐는 질문에 김 회장은 애국심 때문이라고 거침없이 대답한다.

"한국을 알리고 싶었어요. 한인들이 이국에서 무시당하지 않고 우리만의 목소리

를 찾으려면 한인들의 힘을 과시할 큰 잔치가 필요했습니다."라고 설명한다.

'축제의 아버지'의 당부는 축제의 외형이 커지면서 축제를 돈벌이나 힘을 과시하는 기회로 잘못 인식하는 경우가 있는데 축제에 참여하는 모든 사람들이 한국의 날 축제가 애국심과 봉사정신, 그리고 한인타운에 대한 사랑으로 시작된 것임을 꼭 기억해 달라는 것이었다.

특히 맨 끝에 밑줄을 그은 부분은 작심하고 장재민 회장을 겨냥하여 말한 것인데 이 기자는 김진형이 말한 이야기를 그대로 기사에 올린 것이다.

지금까지 김진형이 LA코리아타운을 만들었다는 사실이 공식적으로 발표된 적은 세 번이었다. 첫 번째는 앞에서 밝힌 코리아타운 타임스의 이경원 기자가 1980년 12월 8일에 LA시의회가 김진형이 제출한 코리아타운 경계 도면을 공식 인정하여 가진 '코리아타운 경계구역 시행령 발효 서명식'을 취재해 보도한 것이다. 이경원 기자는 한인계로서 미국 언론계에서 대기자로 알려졌으나 거의 자비로 신문을 발행하다

한국일보 LA지사 사회부 기자 시절인 1976년 올림픽가에서 제3회 코리안 퍼레이드를 취재하는 민병용 기자.

보니 워낙 부수가 적고 영문판이어서 한인사회에는 잘 알려지지 않았다.

두 번째는 2013년 8월 23일에 LA시정부가 코리아타운 입구 교차로 광장을 '김진형 박사 광장'이라고 명명하는 동의안을 LA시의원 15명의 만장일치로 가결했을 때다. 이 동의안에 김진형이 코리아타운 경계구역 도면을 제출하여 코리아타운이 공식화되었음을 명기하고 있다.

세 번째로 김진형이 코리아타운을 만들었다고 발표한 사람은 1974년 LA한국일보에 입사하여 편집국장을 두 번이나 역임하고 1999년에 논설위원으로 재직하다가 은퇴한 민병용 LA한인역사박물관 관장이다. 그는 'LA코리아타운과 한국의 날 축제'란 책자를 집필하여 출간하면서 김진형이 코리아타운을 만들고 코리안 퍼레이드를 창시하였다는 내용을 모든 증거물을 제시하면서 상세하게 기술하였다.

위의 세 건 이외에는 오늘날까지 김진형이 코리아타운을 만들었다는 기사를 쓴 언론사는 없는 것으로 알고 있다. 김진형이 코리아타운을 만들기 위해 8년 동안 동분서주할 때 극구 반대했던 전력 때문일 것이다. 그런 와중에서도 간간이 김진형이 경찰 커미셔너 또는 노인복지 커미셔너로서 좋은 일을 한다는 기사를 쓰는 기자들도 있었지만 그들은 사내에서 별로 빛을 보지 못하고 사라지곤 했다.

한국일보 1980년 9월 26일자 인터뷰 기사.

제5장 | 코리아타운
그 이후

LA정가의
'빅 엉클'이 되다

존 페라로 LA시의장 한국방문에 동행

존 페라로 LA시의장의 첫 번째 한국방문의 주목적은 자매도시인 부산 방문도 있지만 김진형이 주선한 서울의 영등포구의회와 LA 제10지구의 자매결연식에 참가하기 위한 것이었다. 1991년 당시 한국의 영등포구의회 정진원(鄭鎭元) 의장은 김진형과 죽마고우(竹馬故友)로 LA의 코리아타운을 관할하는 LA 제10지구와 자매결연을 제의해 왔다. 이리하여 존 페라로 LA시의장은 자매결연식에 참가하면서 부산 자매도시도 방문했다.

당시 페라로 의장의 나이는 67세인데다 심장에는 박동을 돕는 배터리를 장착하고 있는 환자여서 김진형은 그를 보살피는데 신경을 곤두세웠다. 그 일을 계기로 페라로 시의장은 김진형을 각별히 대해 서로 참으로 좋은 친분 관계를 유지하게 되었다.

두 번째 한국방문은 1993년에 존 페라로 LA시의장이 일본 덴쯔(電通)의 초청으로 일본을 방문하게 되었을 때다. 페라로 의장이 같이 가자고 청하여 LA시의회 재정위원장인 제브 야로슬라브스키 제5지구 시의원과 동행했다. 처음에는 한국

존 페라로 LA시의원과 함께
일본을 방문.(사진 위)
한국을 방문해 황인성
국무총리를 예방한
존 페라로 LA시의장 일행과
LA코리아타운번영회
김진형 회장.

일정이 없었는데 김진형이 동행하게 되면서 가까운 한국도 같이 다녀오자고 제의하여 이루어진 갑작스러운 일정 추가였다. 김진형은 벌써 여러 해 동안 LA코리안 퍼레이드에 한국의 유명 정치인들을 오픈카 귀빈으로 초청하는 바람에 많은 정계 인사들을 알고 지냈으므로 부산과 서울 일정을 급히 만들 수가 있었다. 페라로 시의장과 야로슬라브스키 시의원 그리고 김진형은 1박 2일의 일본 일정을 끝내고 한국으로 왔다.

서울에서의 일정 중 대한민국 국무총리 면담 일정이 있었다. 예방 시간 10분 전에 먼저 국무총리실에 도착하여 비서실의 안내를 받아 대기실에서 잠깐 대기하다가 황인성 국무총리를 만났다. 황인성 국무총리는 LA의 코리아타운 형성 소식을 알고 있었고 존 페라로 LA시의장에게 우리 동포들을 잘 보살펴 달라는 덕담을 하였다.

존 페라로 LA시의장도 6·25 전쟁의 참화를 입은 한국이 많이 복구되고 잘 사는 나라가 되어 가는 모습에 감명받았다며 김영삼 대통령이 LA시를 방문해 주셨을 때 LA시의회가 그날을 '김영삼 대통령의 날'로 선포하였다는 덕담을 나누고 기념 촬영하고 예방을 마쳤다. 이후 존 페라로 일행은 영등포구 정진원 구의회 의장의 만찬 회동에 참석하고 이튿날 LA로 귀국하였다.

경찰 허가담당 커미셔너가 되다

미국에는 명예직으로 회의 때마다 거마비(車馬費)만 받고 정부의 일을 하는 인사들이 수도 없이 많다. 작은 도시일 경우 시장이나 부시장 그리고 시의원들은 거의 무보수 명예직이다. 커미셔너도 무보수 명예직이지만 정부 일에 관한 한 존중받는 상부 직함이다.

새로 당선된 리오단 LA시장을 호텔 볼룸 문 앞에서 맞이하는 김진형 회장.

　김진형은 1984년에 머빈 다이말리(Mervyn Dymally) 국회 하원의원의 담당구역인 캘리포니아주 제31지구의 동양인 담당 커미셔너로 임명되어 다이말리 의원의 의정활동을 다년간 도왔다. 친한파 정치인으로 통하는 남미계 흑인 출신 다이말리 하원의원의 비서실장인 케네스 오두냐가 직접 김진형에게 만나자는 제안을 하여 몇 번의 회동을 하면서 친구가 되었다. LA 제10지구 커닝햄 시의원의 소개로 다이말리 의원을 만난 적도 있었지만 오두냐 비서실장을 통하여 더 가까운 관계를 맺게 된 것이다. 특히 다이말리 국회의원은 캘리포니아주(State of California)의 부지사 출신으로 캘리포니아주 정부에도 그의 영향력이 대단해서 여러 가지로 도움을 주었다.

　1993년에 새로 당선된 리차드 리오단(Richard Riordan) LA시장은 코리아타운번영회를 제일 먼저 공식 방문하고 김진형을 LA경찰 허가담당 커미셔너로 임명하였다. 리오단 시장은 당시 LA 제10지구 담당 네이트 홀든(Nate Holden) 시의원을 대동하고 코리아타운을 공식 방문하겠다며 특히 코리아타운번영회 명예회장인 김진형을 만나겠다는 연락을 해왔다. 김진형은 LA주재 한국총영사관 김항경 총영사와 LA한인회 김영태 회장을 초대하여 LA시장으로 당선된 리오단 시장을 함께 만났다.

LA경찰국의 허가담당 커미셔너는 5명이다. 주로 법률가들이 커미셔너로 임명되는 자리로서 명예직이지만 경찰청장의 상위 직급이다. 1993년에 경찰 커미셔너로 임명되는 절차는 먼저 커미셔너 후보로 LA시장의 지명을 받으면 LA시의원 15명 중 3인으로 구성된 소 심의위원회의 심의를 거친다. 여기서 통과가 되어야 일반 시민이 참여하는 LA시의회의 공청회에 안건으로 회부되어 심사받는다. 이 공청회에서는 일반 시민들이 참석하여 커미셔너 후보에 대하여 비판을 할 수가 있다. 지명된 후보들은 여기에 출석하여 문답으로 심사받는데 여기에서 통과가 되어야만 LA시의회의 과반 이상의 결의에 따라 커미셔너로 임명될 자격을 얻고 비로소 LA시장이 정식으로 커미셔너로 임명할 수가 있다.

김진형은 이 어려운 심사에 모두 통과하였고 LA시의회가 만장일치로 찬성하였다. 가결되자 바로 그 자리에서 시의회 회의장 옆방에 안내되어 미국의 헌법과 법령 그리고 모든 규제 규약 등을 성실히 이행할 것을 성조기 앞에서 선서한 후 커미셔너로 정식 임명되어 LAPD 경찰 커미셔너로 일하게 되었다. 동양인으로는 최초였다.

LA시에서는 범죄와 연관되기 쉬운 업종에 대하여는 필히 경찰허가를 받아야만 개업을 할 수가 있다. 예를 들면 목욕시설을 갖춘 업종, 도박장, 경비회사, 경비원, 무기 소지, 스왑 미트 매장, 마사지사와 마사지 업종, 견인차 업종, 골동품상, 전당포, 댄스홀, 유흥업소의 생음악, 자동차 폐차장, 알람업 등 다양한 범죄와 연루되기 쉬운 업종들은 LA시청의 허가를 받았어도 경찰허가를 받지 못하면 개업을 할 수 없다.

커미셔너로서 미국 헌법과 제반 법령 규약 등을 모두 성실히 준수하겠다고 선서하는
김진형 회장.

경찰커미션 청문회에서
김진형 커미셔너가
경찰국 고문 변호사에게
질문을 하고 있다.
책상 앞에 오른쪽에서
세번째가 김진형 커미셔너.

로스앤젤레스시 경찰국 상징(emblem)에서 보는 바와 같이 별 4개는 LA시 경찰청장의 계급장이고 그 위 별 5개는 LA시 경찰국 커미셔너들의 계급 표시이다. 커미셔너는 민간인이기 때문에 계급장을 달지 못하지만 직급은 별 5개로 경찰청장의 상급기관으로 표시한다.

별 5개의 표시가 들어 있는 명찰을 착용한 김진형 회장의 오른쪽 남자는 LA시 검사이고 그 옆은 커미션의 여비서다.

코리안 퍼레이드 출발
지점에서 김진형 코리안
퍼레이드 창시자와
오랜만에 만나
기념 촬영하고 있는
맥도널 LA 쉐리프 국장.

김진형 커미셔너가 가끔 쉐리프 사격장에 가서
권총 사격을 연습하던 때.

LAPD 윌리 윌리암스
경찰청장과 함께
담소하고 있는 김진형
경찰커미셔너.

1995년 '올해의 모범법
집행관'으로 선정되어
LAPD 윌리 윌리암스
국장과 O. J. 심슨 엽기
살인사건 재판장으로
유명해진 이토 판사
(일본계), 존 리 LA부시장
(중국계) 등 많은 법
집행관들이 참석한
가운데 수상했다.

1992년 4월 29일부터 5월4일까지 일어난 LA 흑인 폭동, 이 폭동의 최대 피해자가 한인들이다. 강형원ⓒ

한흑 갈등 해소를 위한 노력

LA의 한인들은 비교적 가겟세가 싼 흑인가에 들어가 장사하는 이가 많았다. 가난한 흑인들이 상점에 진열된 물건들을 훔치거나 상점 주인들과 다투는 일들이 빈번해 한흑 갈등이 빚어지기 시작하였다. 이리하여 1992년 4·29 흑인폭동 당시, 흑인들이 한인 상점들을 상대로 약탈을 자행하고 상점들을 방화하는 참사가 여러 곳에서 발생하였다.

1992년 LA시 남쪽 흑인가에서 흑백 인종 갈등에서 비롯된 흑인폭동은 북쪽으로 확대되면서 흑인 폭도들이 코리아타운에 다다르자 한인 상가를 마구 약탈하고 방화하기 시작하였다. 점포세가 저렴한 흑인가의 가게를 얻어 장사하던 한인들의 상점들이 약탈당하고 다시 북상하여 코리아타운에 이른 흑인 폭도들은 무참히 약탈하고 방화하여 한인 타운의 상가들에 엄청난 피해를 입혔다.

한흑 관계가 악화일로를 걷자 한흑 갈등 해소를 위하여 여러 단체들이 활동을 개시하였다. 기독교인인 김진형은 흑인의 대형교회를 방문하여 목사님들과 만나 한흑 갈등 해소에 관한 서로의 의견을 교환하였다. 당시 뉴욕의 홍 목사라는 분이 LA에 와서 다이말리 국회 하원의원을 만나 한흑 갈등 해소를 위한 다양한 프로그램을 제의해 한흑 커뮤니티가 합의하였는데 이를 적극적으로 지원하여 한흑 친선을 도모하는데 협조하자는 캠페인도 벌였다. 김진형은 다이말리 의원이 흑인이었기 때문에 흑인 지도자들을 접촉하기가 용이한 점을 활용하여 많은 흑인사회 지도자들과 만나 한흑 갈등 해소를 위하여 함께 노력할 것을 당부하는 일을 계속하였다.

LA카운티 정부 노인복지국 커미셔너로 임명

경찰 허가남당 커미셔너로 임명된 1993년에 LA카운티 정부의 이본 브레스웨이트 버어크(Yvonne Brathwaite Burke)의장은 김진형을 LA카운티 제2지구 노인복지

LA카운티 정부 이반 버어크 의장과 캘리포니아주 의회 마크 리들리 토마스 의원과 함께.

국의 커미셔너로 임명하였다. 김진형이 경찰허가담당 커미셔너로 바쁘다고 사양하자 겸직해도 좋다며 임명한 것이다.

이본 버어크 의장은 흑인 여성 최초로 미국 국회 하원의원 당선자로 정치에 입문하였다. 또한 그녀는 캘리포니아주 LA카운티 정부 제2지구 담당 수퍼바이저(Supervisor)로 5개 지역 수퍼바이저가 구성한 수퍼바이저 위원회의 의장을 맡고 있었다. 코리아타운은 바로 LA카운티 정부의 제2지구에 포함된다.

캘리포니아주의 LA카운티 정부는 5개의 지역구로 나뉘며 각 지역구의 책임 수장을 모두 수퍼바이저라고 칭한다. 이 다섯 개 지역구의 장이 모여서 수퍼바이저위원회(The Los Angeles County Board of Supervisors)를 구성하고 의장을 선출하는데 이본 버어크 수퍼바이저는 그의 임기 12년 내내 LA카운티 정부를 운영하는 수퍼바이저 위원회의 의장으로 연임된 막강한 권력자였다.

캘리포니아주 로스앤젤레스 카운티 정부는 LA시를 포함하여 88개의 도시와 시로 승격하지 못한 142개 지역을 합친 광활한 지역을 관할하는 지방정부다. 연간 예산이 미국의 50개 주에서 7번째로 크다. LA카운티 정부가 하는 일을 대강 요약하면 로스앤젤레스 카운티 주민들의 정보를 모두 카운티 등기사무소에서 관장하고 각종 선거를 위한 유권자 등록 등 각종 선거를 관장하며 로스앤젤레스시 같은 큰 직할도시를 제외한 카운티 정부 관할 모든 지역의 치안을 담당한다. 그리고 세무와 보건행정, 기타 공공사회 분야의 일도 모두 관장한다.

그러므로 로스앤젤레스시 정부의 경찰은 폴리스(Police)라 칭하지만 카운티 전체 지역의 치안을 담당하는 경찰은 쉐리프(Sheriff)라 칭한다. 로스앤젤레스시 경찰청장의 계급은 별 4개지만 로스앤젤레스 카운티 정부 쉐리프 국장의 계급장은 별 5개로 표시한다. 한편 LAPD의 경찰 커미셔너들은 일반 시민 중에서 임명되어 계급장은 달지 않지만 별 5개로 대우한다.

LA 카운티 정부의 의장 앞에서 김진형이 노인복지국의 커미셔너로서 미국의 헌법과 법령,
규제, 규약 등을 성실히 준수할 것을 선서하고 있다.

당시 LA카운티 쉐리프 맥도널(Mc Donnel) 국장은 김진형과는 LAPD 경찰청
의 별 하나, 한국의 경무관급이었을 적부터 오랜 친분이 있었다. 그 후 LA 경찰청을
떠났다가 LA카운티 정부 쉐리프 국장에 당선되어 LA카운티 정부의 치안을 담당하
는 쉐리프 국장으로 취임한 것. LA 쉐리프 국장은 LA카운티 내의 주민 선거로 당선
된다.

한편 1995년도에 김진형 LAPD 허가담당 커미셔너는 아시안 법집행관협회에
서 '올해의 모범 법 집행관'으로 선정되어 LAPD 윌리 윌리암스 국장과 O. J. 심슨 엽

기살인사건 재판장으로 유명해진 이토 판사 (일본계), 존 리 LA부시장(중국계) 등 많은 법집행관들이 참석한 가운데 수상했다.

김진형은 1993년부터 2006년까지 13년간 LAPD 커미셔너의 직함을 유지하였고 LA카운티 정부의 노인복지 커미셔너로는 1993년부터 2011년까지 18년간 봉직하였다.

'올해의 모범 법 집행관상' 수상

모든 기관에서 종사하는 법 집행관들이 모임을 만들어 서로 연대를 갖고 친목을 도모하자는 뜻에서 설립된 단체가 미국 아시아인 법 집행관협회(The National Asian Peace Officers Association)다. 이 단체에서는 매해 '올해의 아시안 법 집행관'을 선정하여 연회 모임에서 시상식을 갖는다. 김진형은 LAPD 경찰 허가담당 커미셔너로 봉직한 지 3년 차 되는 1995년에 아시안 법 집행관들의 추천으로 이 상을 받았다. 이 상패는

한국의 충남 서산에 위치한 한서대학교 박물관의 김진형 박사 전시실에 소장되어 있다. 다음은 전 미국 아시아인 법 집행관협회 올해의 모범 법 집행관 상패 전문이다.

미국 아시아인 법 집행관협회는 우리 지역사회를 위하여 지칠 줄
모르는 뛰어난 헌신적 봉사를 해 온 김진형 씨에게 이 상을
수여합니다.

　1995년 8월 26일

　제7차 미국 캘리포니아주 유니버셜시에서 열린 연회에서

　미국 아시아인 법 집행관협회 회장 벤 리

아드모어 시립공원의 감사패

김진형은 해마다 거르지 않고 한인축제를 벌이기 위해 4일간 빌리는 아드모어 시립
공원의 지원사업도 계속해왔다. 축제 기간에는 한국풍속의 장터를 개장하고 중앙
에 설치한 대형무대에서는 나흘간(목~일요일) 각종 쇼(show)와 구경거리를 펼쳐
LA 주변에 사는 한인 동포들은 축제 행사 때 거의 모두가 한 번씩은 찾아와서 본국
에서 오는 식품 또는 토산품 등을 사고 중앙무대에서 펼쳐지는 각종 쇼를 보며 흥겹
게 보냈다. 아드모어 공원의 한인축제에는 한인들뿐만 아니라 주변의 타민족 주민
들도 찾아와 발들일 틈 없는 LA시의 명물 축제가 되었다.

　김진형은 축제 때마다 아드모어 공원 지배인과 직원들(LA시 공무원)이 열심히
협조해주는 것이 너무나도 고마워 직원들과 가깝게 지냈다. 한인 식당에 초청하여
식사도 함께 나누고 크리스마스 때는 선물도 나누어주며 공원 측에서 무슨 행사를
할 때면 항상 후원해주었다. 또한 축제 행사가 폐막 되면 산더미처럼 쌓이는 쓰레기
를 청소회사를 고용하여 깨끗이 치웠다. 그래도 불편한 점이 있을 테지만 직원들은
싫은 소리 한 번도 하지 않았다.

아드모어 시립공원에서 받은 감사패.

아드모어 시립공원에서도 자신들이 주최하는 행사에는 언제나 김진형을 귀빈으로 초청했고 그때마다 김진형은 행사에 후원을 아끼지 않고 협조했다. 1994년 가을철로 기억한다. 아드모어 공원으로부터 며칠 후 아침 11시에 공원 행사에 참가해달라는 전화를 받았다. 그날 공원 강당에 안내되어 들어갔더니 공원 주변의 주민들이 강당 가득히 모여 있었다. 그날이 아드모어 공원 홀리데이 런천의 날(Ardmore Holyday Luncheon Day)이었다. 네이트 홀든(Nate Holden) 제10지구 LA시의원과 공원국장이 참석한 가운데 아드모어 공원 디렉터(Director)는 김진형을 무대 위로 부르고 상패를 전달해 참석자들의 박수갈채를 받았다. 공원측은 21년간 꾸준히 공원 사업에 후원해 준 보답으로 위 사진과 같은 감사패를 준비한 것이었다.

경찰국 허가담당 커미셔너로서 고통스러웠던 일

김진형이 경찰 허가담당 커미셔너 재임기간(1993-2006)에 제일 고통스러웠던 일은 한인여성 마사지사의 매춘이었다. 당시 언어의 불편으로 좋은 직장을 갖지 못하던 한인들은 생활고에 허덕이면서 대개 한인 여성들은 LA다운타운 의류제조업에서 소위 '밟아라 3천리'라는 직장생활을 하였다. '밟아라 3천리'라는 말은 옛날 우리나라가 가난에 허덕일 때 남자들은 교통수단으로 주로 자전거를 이용하였는데 당시 '3천리 자전거'라는 상품이 인기가 있어서 붙여진 자전거의 이름으로 LA 동포사회에서는 재봉틀을 밟는 직종이란 뜻이었다.

남자들은 주로 주유소에서 펌프질을 하는 이가 많았고 건물 청소부 또는 언어 소통이 필요 없이 자동화된 기계와 함께 일하는 공장의 노동자, 페인트 작업 등 거의가 허드레 노동을 하는 이들이 대부분이었다. 먹고 사는 문제가 급박하니 돈벌이로 매춘을 하는 여성들도 있었다.. 그런데 마사지사가 매춘하다가 적발되면 마사지사의 면허증을 취소하느냐 또는 사건의 경중으로 보아 훈계 또는 일정 기간 정지처분을 내리느냐를 커미셔너들이 다수결로 결정한다. 또한 위법 마사지 업소의 허가장도 마찬가지로 경찰 커미션에 회부된다. 그런데 줄줄이 매춘으로 적발되어 출두하는 여성 마사지사들 가운데 10명 중 9명이 한인 여성들이었다.

다른 민족의 매춘부들은 언어가 통하니까 거리에서 직접 또는 유흥업소 같은 데에서 손님을 직접 만날 수가 있어서 경찰에 불법으로 붙들렸을 때에도 법원에서 형량에 따라 벌을 받고 나오면 그만이다. 그러나 한인여성들은 영어가 불통이다 보니 결국 마사지 업소에서 손님을 만날 수밖에 없었고 벌을 받은 후에도 마사지사 자격 허가증 문제로 경찰 커미션에 출두해야 했다. 마사지사로 취직을 하려면 마사지사 허가증이 반드시 있어야 하며 매춘행위 등으로 적발되면 벌을 받고도 허가증의 취소 또는 정지처분 등의 문제로 경찰 커미션에 출두해야 하는 2중의 고초를 겪게 되는 것. 경찰 커미션에 출두하는 한인여성 마사지사들로 인하여 김진형은 동료 커미셔너들 보기가 부끄러웠다.

매춘 관계로 사건화 되는 미국 업체의 경우 댄스홀들이 있다. 댄서들의 매춘행위가 적발되면 댄스홀의 경찰허가장을 취소하느냐 또는 정지처분을 가하느냐가 문제가 된다. LA다운타운에는 100~200명씩 댄서들을 두고 운영하는 대형 댄스홀 업

'르 쁘리베' 댄스홀의
경찰 허가에 관한
LA중앙일보 기사.

체들이 여럿 있어서 거기에 종사하는 종업원들도 많기 때문에 댄스홀 폐쇄나 영업
정지 처분을 내리는 데에도 참으로 어려운 문제들이 많았다.

1990년대에 한국이 경제성장을 이루면서 한국에서 오는 손님들이 날로 늘었
다. 코리아타운의 업소들도 영세성을 점점 탈피하여 상점을 새로이 깨끗하게 단장하
고 더 좋은 업소로 업그레이드 하며 활성화되어 갔다. 그런 가운데 LA한인 상가에도
본국 바람이 불기 시작하였고 일반적으로 작은 소상인들로 구성되어 있던 코리아타
운 상가에도 본국에서 온 큰 손들이 업소를 크고 깨끗하게 개설하기 시작하자 기존
의 소상인들의 빈축이 일기도 하였다. 그런 가운데 LA한인축제재단의 회장이었던
계무림 회장이 본국의 자본가를 끌어들여 '르 쁘리베'라는 초대형 호화 댄스홀을 코
리아타운에 개업하려고 공사를 시작하였다는 소문이 나돌자 코리아타운의 밤업소
점주들이 모여 개업을 저지할 목적으로 큰 소동을 피운 사건이 일어났다.

'르 쁘리베' 댄스홀이 개장을 서두르고 있던 1997년, 오래 전부터 알고 지내는
친지에게서 만나자는 전화가 걸려 왔다. 만나자는 장소에 나갔더니 그 친지와 코리
아타운 안에서 영업을 하고 있는 3명의 밤업소 사장들이 나와 있었다. '르 쁘리베' 초

김진형 LA경찰면허심사 커미셔너

4회연임 '최장수' 기록

한겨레신문은 LA에 지사가
없는데 어떻게 보도되었는지
모를 일이다. 인터뷰한 기억이
나지 않는데 친구가 한겨레
기사를 나에게 전달해 주어
기념으로 간직한 기사다.

LA시 경찰면허심사 위원회의 김진형(71·사진) 커미셔너가 위원직에 연임됐다.

지난 93년 아시안 최초로 경찰면허심사 커미셔너(Police Permit Review Panel)에 임명돼 활동해온 김진형 커미셔너는 10일 LA시의회에서 선서식을 갖고 5년 임기의 커미셔너 업무를 시작했다. 지금까지 4회 연임, 최장수 커미셔너 기록을 갖고 있는 김진형 커미셔너의 임기는 오는 2009년까지.

김진형 커미셔너는 "93년 함께 임명됐던 커미셔너들은 다 떠났다"며 "면허를 심사하는 일이 좋을 것만 같지만 업주와 직원들의 생계가 걸린 문제를 결정하는 것이 심적 부담이 크다"고 밝혔다. 김진형 커미셔너는 "한인들은 중범을 저지르는 경우는 많지 않지만 실내에서의 흡연, 규정 시간외 영업 등 자잘한 불법을 저지르고 있다"며 "이는 결국 한인들은 '준법정신이 약하고 도덕적으로 해이한 집단'이라는 인식을 갖게 한다"며 한인 한명 한명의 준법정신을 회복할 것을 강조했다.

현재 김진형 커미셔너는 경찰면허심사 커미셔너 이외에도 LA카운티 노인복지국 커미셔너로 활동하면서 한국의 날 축제재단의 명예회장을 맡고 있다. 이재희 기자/사진 김윤수 기자

대형 댄스홀이 생기면 주위에 교통도 복잡해지고 코리아타운 내의 밤손님들을 몽땅 빼앗아가 우리 업소들은 모두 죽은 목숨이 될 것이라면서 절대로 허가를 해주면 안 된다는 청원을 했다. 김진형은 이런 말을 공개석상이 아닌 은밀한 장소에서 사적(私的)으로 주고받는 것이 온당하지 않다는 말을 남기고 모임의 현장을 떠났다. '르 쁘리베'의 내장 공사가 빠르게 진척되면서 완공을 눈앞에 둔 시점에서 '르 쁘리베'에 관한 악성 루머 같은 전화가 걸려오기도 하고 심지어는 밤업소 주인들이 김진형의 자택에 찾아오기도 했다.

그런가 하면 반대로 '르 쁘리베' 측의 사람들도 찾아와서 도와 달라고 사정 이

야기를 털어 놓았다. 200만 달러를 투자하여 대대적으로 호화스러운 댄스홀을 꾸며 놓았는데 허가를 주지 않으면 큰일 난다는 요지였다. 양측의 청을 모두 거절할 수 없는 처지였다. 그런가 하면 양측 모두 김진형 커미셔너가 뇌물을 먹었다는 악성 루머를 퍼트리기도 하였다. 그리고는 건축법에 저촉이 된다, 또는 주변 주민들을 동원하여 이 댄스홀이 개업하면 주변에 고성방가를 일삼는 취한들이 많아진다, 교회가 가깝고 학교가 가깝다, 풍기가 문란한 남녀들이 모여 그 지역을 어지럽힌다, 또는 부동산 값이 떨어진다, 손님들의 자동차가 많아져 교통이 복잡해진다는 등 업주들이 변호사를 통하여 갖가지 이유를 들어 LA경찰국에 끊임없이 신고했다. 신고를 접수하고 조사하는 일을 반복하게 하는 방법으로 시간을 끌어 허가신청을 늦추도록 지역 주민들을 동원하여 계속하여 진정했다. 얼마나 사방팔방으로 다니며 문제를 일으켰는지 엘에이 타임스(LA Times) 기자가 김진형 커미셔너에게 이 건으로 인터뷰를 하자고 전화가 오기도 하였다. 물론 경찰에 신청 서류가 접수되지 않아 아무 할 말이 없다고 거절하였지만 참으로 극성스러웠다. 하기야 생계유지를 위한 일종의 생존경쟁이었으니까 그들에게는 사활이 걸린 중대한 문제였다.

그런데 미국에서는 '더 랄프 엠 브라운 법(The Ralph M. Brown Act)'이라 하여 만일 사건 담당자가 사건을 다룰 때 연루된 당사자들 간에 한쪽이 아는 사이라면 그 사건 심의에 참여할 수 없다는 법조항이 있다. 투서와 방해 공작으로 허가 심의가 지연되다가 거의 2년 반 만인 2000년 6월 7일 드디어 '르 쁘리베' 댄스홀의 허가를 경찰 커미션에서 심의하는 날이 되었다. 경찰 커미션 청문회 회의장 안은 '르 쁘리베' 댄스홀에 허가를 주라는 한인들과 주지 말라는 한인들 그리고 '르 쁘리베' 업소 주변의 주민들이 동원되어 빈자리 없이 방청객들로 가득 찼다. 자리가 모자라 바깥 복도까지 서성일 정도였다. '르 쁘리베' 안건은 심의 안건의 다섯 번째였다. 커미션 의장(커미셔너 5명이 선출함)이 "다음은 '르 쁘리베' 댄스홀의 허가 신청 안건입니다."

LA카운티 노인복지국 커미션 부의장으로 유임되는 김진형 커미셔너가 회장단과 함께 선서하고 있다.

라고 발표하자 김진형 커미셔너는 발언권을 얻어 "나는 이 사안의 양측 당사자들이 모두 아는 지인들이어서 브라운 법에 따라 이 사안의 심의 참여를 사양합니다."라고 말하고는 자리에서 일어나 커미셔너 대기실로 퇴장하였다. 결국 이 사안은 약 2시간 동안 양측 변호사들이 설전을 벌인 끝에 커미셔너 4명이 동의 재청을 거쳐 만장일치로 호스테스 불채용 등 여러 가지 조건을 붙여 개업을 허가하는 것으로 막을 내렸다. 이렇게 200만 달러란 막대한 공사비를 들이고 오랜 세월동안 경찰허가를 받지 못하여 개업하지 못한다면 웬만한 업주는 벌써 망하고 말았을 것이라는 생각이 들었다.

검찰에 고발당한 LA한인 노인배드민턴협회

노인복지 커미셔너로 일하던 1999년에 LA시정부 공원국이 한인 노인배드민턴협회를 LA시정부 소유 시설물의 파괴행위로 고발하는 사건이 일어났다. 미국 사람들에게는 매우 이색적인 사건이었다.

LA카운티는 그 인구가 1천만 명에 이른다. 카운티 정부의 수장은 '카운티 수퍼바이저(County Supervisor)'란 직함을 사용하며 5명의 수퍼바이저가 주민의 선거로 4년마다 선출된다. 한마디로 카운티 정부는 카운티 산하에 있는 모든 도시의 상급기관이다. 우리나라 정치인들은 제도가 다른 점을 이해하지 못하고 간혹 로스앤젤레스를 방문했을 때 LA카운티 수퍼바이저를 만나게 주선해 주어도 그다지 달가워하지 않는다. 한국에 없는 수퍼바이저 제도가 생소하여 오히려 그 산하에 있는 시장을 높은 사람으로 알고 있는 정치인들이 많다.

로스앤젤레스시를 제외한 작은 시들은 경찰, 소방서, 법원, 극빈자 의료혜택, 노인복지 문제 등 모든 분야의 지원을 LA카운티 정부로부터 받는다. 따라서 한국 노인들의 형사사건은 로스앤젤레스시 검찰 당국으로 고발되었으나 결국 LA 카운티 법정으로 넘겨져 재판을 받게 되었는데 사건의 내용은 이런 것이었다.

로스앤젤레스의 미국인들은 배드민턴을 그다지 즐기는 것 같지 않다. 그러나 한인 노인들은 건강을 위해서 새벽 6시경부터 공원이나 또는 널찍한 빈터가 있으면 남녀 노인들이 모여서 배드민턴을 치는 그룹이 많다. LA코리아타운 근방에 라파옛(La Fayette)이라는 시립공원이 있는데 이 공원 길 건너편에 한인 노인들이 많이 입주한 노인 아파트가 있다. 여기 노인들과 이 근처에 사는 한인 노인들은 아침 6시면 약 30여 명이 모여 배드민턴을 치며 아침 운동을 즐긴다. 그런데 이들이 배드민턴을 즐기는 곳이 바로 LA시립공원 안의 2개의 정구장이다.

정구장에서 정구 경기를 위한 줄은 배드민턴과 다르므로 노인들은 분필 같은 것으로 정구장의 줄 위에 배드민턴을 위한 줄을 긋고 운동하다가 운동이 끝나면 그들이 그은 줄을 지우고 돌아가곤 하였다. 이런 식으로 하다 보니까 줄을 긋고 지우는 일이 번거롭다고 생각되었던지 아예 페인트를 사다가 흰 정구장 줄 위에 노란색으로 배드민턴 줄을 그어 버렸다. 노인들이 그은 줄이라 한눈에 보아도 조잡했다. 며칠을 즐겁게 아침마다 배드민턴을 즐기던 이들에게 갑자기 소환장이 날아왔다. LA시 공원국에 의하여 검찰청에 고발당한 것이다. 그 기소장에는 파괴행위(Vandalism)란 죄명이 적혀 있었다.

〈소환장 내용 번역〉

XXX에게

귀하는 형법의 P594b2 조의 5천 달러 이상의 시민 재산 파괴 혐의로

기소되었음을 알립니다. 귀하는 이 소환장에 기재되지 않은 또 다른

죄명도 첨가될지 모릅니다. 만일 귀하가 다른 사건으로 인하여 집행

유예를 받은 기간이라면 여기에 대한 가중처벌도 받을 수 있습니다.

　　귀하는 1999년 X월 X일 오전 8시 30분에 LA 지방법원 형사법정

83호에 출두하여 공소 사실에 대한 심리를 받아야 합니다.

소환된 날짜와 시간에 맞추어 출두하지 못하면 귀하는 지명 수배를

당하게 될 것입니다.

법정에 출두할 때에는 이 소환장을 지참하시기 바랍니다.

　　여불비

　　알란 다알 부장검사

소환장

이상과 같은 소환장을 받은 노인들은 겁에 질리지 않을 수 없었다. 출두할 날짜가 되어 시간을 맞추어 법정에 출두한 배드민턴협회 회장에게 검사는 남의 집 창문을 부수고 남의 집에 들어가 파괴행위를 한 것과 조금도 다를 바가 없는 질적으로 나쁜 행위를 저질렀으므로 이들에게는 체형을 주어야 마땅하며 정구장을 다시 고치는 개수비로는 9천 달러의 벌금도 부과해야 한다고 논고하였다.

법정에는 공원국에서 직원이 파견되어 9천 달러의 정구장 개수비의 견적서를 제출했다. 한인 법정 통역관은 통역하면서도 한인 노인들이 몰지각한 행동을 했다고 못마땅하다는 표정을 역력히 드러내 보였다. 그는 나에게 그의 20여 년의 법정 통역 경험에 비추어 이번 사건은 무사하지 않을 것 같다고 귀띔하여 주었다. 한편 협회 회장은 법정 통역관이 같은 동족도 몰라보는 나쁜 놈이라고 대단히 노여워하고 있었다.

그런데 라파엣 시립공원은 코리아타운과 함께 제10지구에 속해 있는 공원이다. 만약 공원 측에서 이 사건으로 한인 노인들을 정구장에 출입할 수 없게 하고 검찰에 고발하기 전에 김진형 커미셔너에게 알렸다면 아주 가깝게 지내던 제10지구 네이트 홀든(Nate Holden) 시의원에게 부탁하여 사건을 무마했을지 모른다. LA시의원은 자기 지역구 안의 일들에는 막강한 영향력을 가지고 있기 때문이다. 그러나 일이 커져서 법정까지 가게 되었으니 수습하기가 힘들어진 상태였다.

LA카운티 노인복지국 커미션의 부의장직을 맡고 있는 김진형으로서는 모르고

잘못을 저지른 노인들을 도와주어야 하는 입장이었다. 더욱이 같은 동족이고 심지
어 그 클럽 중에는 아는 친구도 있어서 어떻게든 처벌을 가볍게 해 보려고 검찰청 관
계자를 만나기로 작정하였다. 우선 LA카운티 커미셔너의 명함을 챙겨 LA시 검찰청
의 담당 부장검사를 찾아갔다. 중국계 미국인으로 나이도 지긋한 W부장검사는 의
외로 친절하게 맞아 주었다. 김진형은 한인 노인들이 영어를 모른다느니, 문화가 다
르다느니, 이 클럽의 평균 연령이 70세라느니, 노인들은 벌이가 없어 고액의 벌금을
부과해도 갚을 길이 없다느니 여러 가지로 열심히 변명하였다. W부장검사는 한참을
듣더니 미소를 지으며 "커미셔너 킴, 그들에게 페인팅 회사를 몇 군데 찾아가 견적
을 내게 하세요. 그리고 그중에서 제일 싼 두 개의 견적을 골라오시고, 이 클럽 노인
들이 배드민턴 운동을 여럿이 하고 있는 장면을 찍은 사진과 회원 명단을 갖다주세
요."라고 말하였다. 그의 표정에서 직감적으로 이 사건을 잘 해결해 주려는 뜻이 있
음을 확신할 수가 있었다. 아마 중국인 커뮤니티에서도 문화의 차이가 빚는 이와 유
사한 여러 가지 사건들이 있었지 않겠나 하는 짐작이 들었다.

　이윽고 김 커미셔너와 W부장검사는 우선 이 노인들에게 붙여진 파괴행위란 중

범죄(Felony)의 죄명을 경범죄(Misdemeanor)로 바꾸는 데에 합의하였다. 노인들이 정구장을 어지럽힌 것은 사실이지만 고의성 파괴범죄와는 성격이 다르기 때문이다. 이 사건이 중범죄로 다루어 지면 최하 1년 이상의 징역형을 받을 수 있으며 벌금도 최하 5천 달러 이상을 받을 수 있기 때문에 이 사건의 죄목을 경범죄로 바꾸는 것이 급선무였다. 경범죄로 바꾸면 대개 집행유예(Probation)로 떨어지거나 최고 700달러 벌금형을 받을 수가 있으며 중 경범죄(Gross Misdemeanor)로 된다고 하여도 3천 달러 미만의 벌금형으로 낮추어지기 때문에 W검사가 경범죄로 죄목을 바꾸어 주었다는 것은 아주 커다란 수확이었다. W부장검사와 김진형은 노인들에게 가벼운 커뮤니티 봉사형을 주자고 의논하고 W부장검사가 판사에게 그렇게 상신할 것을 약속하고 돌아왔다. 커뮤니티 봉사형이란 정부의 허드렛일 즉 고속도로변 청소하기, 건물의 낙서 지우기 등의 강제 노동을 법원이 지시하는 기관에 등록한 후 법원이 정해주는 기간 동안 자택에서 출근하며 수행하는 형벌이다.

배드민턴협회 회장은 한인이 경영하는 페인트회사에서 정구장 개수를 위한 550달러짜리 견적서 한 장을 받아왔다. 그리고 김 커미셔너는 이를 곧바로 W부장검사에게 제출하였다. 재판 날짜를 기다리는 동안에도 김 커미셔너는 이 공원 관할 지역의 홀든 시의원을 통하여 공원국장과 세 번이나 만나 개수공사비 조정을 위하여 여러 번 실랑이를 벌였으나 공원 당국은 4천 달러 선까지 양보하고는 그 이하는 막무가내였다.

LA시 공원국과 개수비 조정 문제에는 더 이상의 진전을 보지 못한 채 마지막 재판 날이 되었다. 아무리 안심하라고 해도 노인들은 벌벌 떨고 있었다. 법정은 모두 숨을 죽인 듯 조용했다. 노인들이 증인으로 내세운 한인 페인트회사의 L사장은 고맙게도 하루 일을 공치고 법정에 나와서 550달러의 견적서대로 일을 맡겨주면 공원국이 원하는 대로 정구장 개수를 해 줄 수 있다고 판사에게 또박또박 답변하였다.

한인 페인트회사 L사장의 견적은 사실 노인들이 그은 줄만 지우고 원래의 정구장 색깔로 복원하는 견적이고 LA시 공원국의 견적은 전체 정구장을 다 지우고 새로이 정구장 줄을 긋는 견적이었다. 그러나 L사장의 말로는 노인들이 그은 줄만 지우면 아무리 같은 페인트와 같은 색깔로 지운다고 하더라도 한동안은 표가 나서 3, 4개월은 지나야 색깔이 같아진다는 것이었다. 나는 판사가 이런 사실을 알고 벌금을 내리면 벌금액이 많아질까 걱정하였는데 판사는 이를 그냥 넘겼다. 이리하여 판결은 550달러의 갑절 금액인 1,100달러의 벌금형과 협회 회장이 줄을 그었다는 이유로 회장에게 30시간의 커뮤니티 봉사형을 언도함으로써 한국 배드민턴협회 노인들의 시민 재산 파괴행위에 대한 사건은 마무리되었다. 예상 밖의 가벼운 처벌이었다.

가벼운 처벌에 일단 안심은 되었으나 매일 아침 운동하던 장소가 없어졌으니 배드민턴을 치던 노인들로서는 낙심이 아닐 수 없었다. 재판이 끝나기가 바쁘게 노인들은 김진형에게 운동할 장소를 구해 달라고 야단이었다. 협회 회원인 친구 K는 하루에도 서너 번씩 전화를 걸어 '노인복지 커미셔너'가 이런 문제 하나도 해결해 주지 못하느냐고 성화를 댔다. 친구인 K는 LA시립대학에 있는 정구 코트에는 색깔이 다른 노란 줄로 덧그어 정구와 배드민턴 경기를 서로 다른 시간을 정하여 할 수 있게 한다고 했다. 한인 노인들이 그 코트에서 새벽에 운동하고 있으니 자기들도 그렇게 해 달라는 것이었다. 확인한 결과 그것은 사실이었다.

김진형은 노인회 회장에게 벌금을 빨리 낼 것과 커뮤니티 봉사형을 속히 마칠 것을 종용하고 그 길로 홀든 시의원을 찾아가 떼를 쓰기로 하였다. LA시립대학 정구장의 예를 들어 정구장을 배드민턴과 겸용할 수 있다는 것을 강조하고 소위 한국식으로 한 번만 봐 달라고 간곡히 부탁하였다. 홀든 시의원은 15년간 아주 가깝게 지내오는 사이였다. 그는 노인들의 실수를 알고 있었으나 나의 간곡한 부탁을 들어주기로 하고 비서실장을 불러 가능한 범위 안에서 도와주도록 지시하였다.

홀든 시의원의 W비서실장도 나와는 오랜 친구여서 시의원의 지시를 따라 곧바로 실행에 들어갔다. 내가 보는 앞에서 당장에 공원국장에게 직접 전화를 걸었다. 국장이 부재중이라고 하자 다시 부국장을 대라고 하고 공원 부국장에게 잠깐 내 방에 와 달라고 하였다. 이윽고 부국장이 들어오자 우리 세 사람은 이 문제를 놓고 의논하였다. 이때 W비서실장은 길게 이야기하지 않았다. "홀든 시의원님께서 노인들이 갈 데가 없으니 그리하라 하십니다." 요약하면 이런 것이었다. 공원 부국장이 나에게 질문한 것은 단 한 가지, "법적 문제는 다 해결이 났습니까?"였다. 그렇다고 하자 그는 배드민턴 경기장의 도면 및 정확한 인원수를 알리는 증빙서류를 구해 달라고 요청하였다.

이튿날 즉시 배드민턴협회의 간부 3명과 배드민턴 경기장 도면을 가지고 시의원 사무실을 다시 방문하였다. 노인들은 반신반의하면서도 김 커미셔너가 시키는 대로 땡큐를 연발하였다. 그로부터 3일이 지났다. 노란 헬멧과 작업복을 착용한 LA시 공원국의 영선과 직원들이 페인트 작업을 하기 위한 장비를 실은 대형 트럭을 타고 와서 자물쇠로 잠긴 라파엣 공원 정구장 펜스(Fence) 문을 활짝 열고 정구장을 모두 진한 녹색 페인트로 덮어버리고 가버렸다. 공원 길 건너 노인 아파트에 입주하고 있는 한인 노인배드민턴협회 회원들은 이 광경을 보고 과연 정구 코트에 배드민턴 줄이 덧그어지겠는가 안달을 하다못해 친구인 K를 시켜 전화를 걸어 시청에 알아봐 달라고 성화였다.

실은 김 커미셔너도 LA시 공원국 전체가 떠들썩하게 벌였던 형사고발 사건이고 LA시 검찰과 LA 카운티 법정에서도 LA시정부 시설물 파괴범으로 처음에는 형사법의 중죄로 다루어진 사건이었던 만큼 공원국이 그렇게 쉽게 노인들의 요구를 받아 주겠는가 미심쩍게 생각하던 터였다. 그래서 홀든 시의원의 비서실장의 말 몇 마디로 해결이 될까 의문을 품고 지켜보고 있었다.

정구장 전체를 진한 녹색 페인트로 덮은 시청 영선과 직원들은 며칠 후 다시 트럭을 타고 와서 정구장 문을 열고 정구 코트의 줄을 흰색으로 깨끗하게 그어 놓고 돌아갔다. 배드민턴협회 노인들은 난리였다. 친구 K는 다시 전화를 걸어서 되는 것이냐 안 되는 것이냐 하며 힘들게 졸랐다. 그리고 또 며칠이 지난 그 날은 마침 수요일이었다. 경찰허가 심사위원회의 청문회(Police Permit Review Panel)를 마치고 길 건너 시청 빌딩 4층 시의원 사무실로 W비서실장을 만나러 갔다.

W비서실장은 공원국에 다시 전화를 걸더니 "지인(Gene)!" 하고 웃음 섞인 얼굴로 부르면서 가서 며칠만 좀 참고 기다리라는 것이었다. 그래도 나는 확답을 받고 싶었다. 그래서 재차 그렇게 해 주느냐고 다짐하듯 물었다. 그는 빙그레 웃으면서 "We will see. (어찌 되나 보자.)"라고 대답하였다. 저녁을 먹고 있는데 친구 K는 또 전화로 오늘 결과가 어떻게 되었느냐고 묻는다. "해 준다고 했으니까 해 주겠지." 아직은 나도 시원스럽게 답변해 줄 수가 없었다. 주말이 지나고 월요일, 먼저 칠한 정구 코트의 흰 줄 페인트가 마르자 공원국에서는 다시 새벽 일찍부터 페인트 작업반을 라파옛 공원에 보냈다. 나의 삐삐가 두 번 세 번 겹쳐 울렸다. 당시는 지금과 같은 핸드폰 전화가 없어 연락하려면 삐삐라는 작은 호출기를 갖고 다니며 삐삐가 울리면 인근에서 공중전화나 아는 사람 집에 가서 전화를 빌려 연락하는 시대였다. 노인들이 찾는 신호였다. 공원 작업반들이 나와서 지금 정구 코트 줄 위에 노란 배드민턴 코트 줄을 긋고 있다는 것이다. 빨리 회의를 마치고 곧바로 차를 몰아 라파옛 파크로 달려갔다.

현장에는 배드민턴 노인회원들이 벌써 많이 와 있었다. 싱글벙글하는 노인들의 표정을 보고 직감적으로 일이 잘 되었음을 느꼈다. 한인 노인들은 환호의 박수를 치며 반겨주었다. 무척이나 기뻤다. 작업반장에게 명함을 건네고 수고한다고 치하했다. 작업반원들은 흰 줄 정구 코트 위에 노란 배드민턴 코트의 줄을 예쁘게 겹쳐 긋

고 있었다. 작업반장은 김진형에게 페인트가 완전히 마르려면 3일이 걸리니 그 안에
는 아무도 들어오지 못하도록 주의시켜달라고 했다. 이리하여 배드민턴 사건은 완전
히 끝을 맺었다.

노인신보 창간 10주년
기념식에서 축사하는
김진형 노인복지
커미셔너 (2004년).

건강세미나에서 축사하는
LA카운티 김진형 커미셔
너 (1999년).

세금 체납으로 경매당한 노인회관 되찾기

2000년 8월 2일 LA 한국노인회 정의식 회장으로부터 전화가 왔다. 점심 식사를 같이하자는 것이었다. LA 한국노인회는 노인회관으로서는 처음으로 1987년에 미주동포사회에서 모금한 돈으로 웨스트 8가 거리 2847번지에 보금자리를 마련하고 노인들의 복지 증진을 위하여 봉사활동을 펴오던 단체다. 이 노인회는 1973년에 LA 한인사회에서는 최초로 설립된 유일한 노인단체였다. 그러나 노인 인구의 증가로 지역별로 갈려서 당시는 노인단체가 LA에만 18개나 되었다.

점심시간에 만난 정의식 노인회장은 다소 걱정 어린 표정으로 서류 봉투를 하나 내놓으며 말문을 열었다. '내가 알기에는 우리 노인회가 세금이 한 푼도 밀리지 않은 줄 알고 있는데 LA카운티 정부가 세금이 밀렸다고 회관을 경매한다고 하니 커미셔너 김이 좀 조사해서 도와줄 수 있겠느냐'는 것이었다. 서류를 들여다보니 한국노인회는 매입 당시에 재산세가 체납된 것이 이자에 이자가 가산되어 9천979달러 53센트로 늘었으며 이를 납부하지 않으면 6월 26일에 경매처분 한다고 되어 있었다. 그런데 이미 경매일로부터 한 달여가 지난 8월 2일이었다. 너무나 놀라 왜 아직까지 세금을 안 냈느냐고 물으니 정 회장은 고지서가 오는 대로 다 냈는데 자기도 모르겠다는 것이었다. 경매처분 한다는 통지서를 받고도 영어를 하는 직원이 없어 그냥 덮어두었다가 엊그제야 이 내용을 알았다는 것이다. 그 서류를 들고 차를 몰아 LA카운티 정부청사로 단숨에 달려갔다.

세무국에서는 경매일이 지난 지 한 달여가 되었는데 아직도 컴퓨터 정리가 되지 않아 팔렸는지 안 팔렸는지 잘 모르겠다고 하며 경매가 이루어지지 않은 것 같다고 하였다. 한숨을 돌리고 이본 버어크(Yvonne Burke) 수퍼바이저 사무실에 들러 노인복지국 커미셔너로서 관내에 일어난 노인회 문제에 대하여 보고를 하고 만일 이

175

경매처분되었던
한국노인회관을 되찾았다는
2000년 9월 11일자 미주
한국일보 기사.

노인회관 되찾았다

구입자 매입 포기각서 제출로

세금 체납으로 경매에 넘겨져 한인 여성에게 팔렸던 LA한국노인회(회장 정의식) 회관 건물에 대해 구입자가 경매구입 포기각서를 카운티 당국에 제출함에 따라 한국노인회의 소유권이 원상 회복되게 됐다.

한국노인회에 따르면 이 건물을 구입했던 프리실라 박씨는 지난 11일 이 건물에 대한 매입 포기각서를 카운티에 제출하고 건물을 한국노인회에 돌려주겠다는 의사를 최종적으로 피력했다는 것이다.

이에따라 박씨는 오는 20일 이본 버크 카운티 수퍼바이저, 정의식 노인회장 등과 만나 이같은 의사를 최종 전달할 예정이다.

박씨의 경매구입 포기각서에 따라 카운티 정부는 경매대금으로 받은 19

만달러를 박씨에게 돌려주는 한편, 노인회는 밀린 세금 9,000여달러를 카운티에 제출하는 방법으로 경매 무효절차를 밟게될 것이라고 김진형 노인국 커미셔너는 전했다.

노인회관 건물이 세금 체납으로 경매 처분된 뒤 이를 구입한 박씨는 "정확한 노인회측의 사정을 알지 못했으며 적절한 방법이 있으면 건물을 되돌려 줄 수 있다"는 입장을 보여왔었다.

한편 한국노인회는 등기부상의 명칭과 비영리 기관에 등록된 명칭이 다르게 나타나 있는 것과 관련, 이를 등기부상 명칭으로 통일시키라는 카운티 당국의 요구를 받아들였다.

한용택 기자

건물이 경매되지 않았으면 경매를 중지시켜 달라고 요청하였다.

저녁 5시가 넘어서야 세무국에서 연락이 왔다. 이미 경매는 끝나 박 씨 여성에게 19만 4천214달러 90센트에 낙찰되었다는 것이었다. 아뿔싸! 어쩌면 좋단 말인가? 뒤에 안 일이지만 박 씨 여성과 그의 남편은 소아과 의사인데 한인 커뮤니티에 별로 나타나지 않아 한인사회가 돌아가는 일에 대하여 잘 모르는 것 같았다. 그리고 그들은 그 회관 건물이 위치가 좋아 자기네 병원 건물로 사용할 생각이었다고 한다. 그런데 이 회관은 커뮤니티의 성금으로 구입한 것이며 노인들의 보금자리로서 한인 이민사상 한인들의 성금으로 처음 장만한 건물인데 이 노인회관이 단돈 9천여 달러의 세금 체납으로 경매처분 되어 넘어간다는 것은 아무리 노인들이 영어를 몰라 그리되었다 하나 있을 수 없는 기가 막힐 일이었다.

그러나 한 가닥 실낱같은 희망은 보이는 듯싶었다. 그것은 박 씨 부부가 우리 핏줄인 한인이라는 점이었다. 만일 이 건물이 외국인에게 팔렸다면 한국노인회는 이 회관 건물에서 눈물을 머금고 쫓겨나야만 했을 것이 분명하다. 김진형은 즉시 세무국 부국장에게 무를 방법이 있는가를 물었다. 그는 한인 여성이 샀으니까 그와 타협하는 길 밖에는 없으며 그것은 양자 간의 일이지 LA카운티 정부로서는 이 문제에 관해서는 관여할 일이 아니라고 잘라 말하였다. 할 수 없이 카운티 세무국에서 낙찰자의 이름과 주소, 전화번호 등을 알아내 정의식 노인회장과 만나 이튿날 아침 9시에 함께 박 여사를 찾아가 노인회관 건물을 산 값에 되팔아 달라고 사정해 보자고 이야기하였다.

다음날 찾아가니 그곳은 H소아과 병원이었고 박 여사는 그 병원 원장의 부인이었다. 병원에 들어서니 박 여사는 부재중이었다. 남편 박 씨와 인사를 나누고 안으로 안내되어 그와 첫 대면을 하게 되었다. 처음 만난 그는 꽤 퉁명스러웠다. "왜 세금을 안냅니까? 재산세를 5년 동안 안내면 경매처분 당한다는 걸 몰랐습니까? 이렇게 되었으니 당분간은 노인회가 우리에게 집세를 내면서 천천히 해결점을 찾아보지요."

이런 대화를 나누면서 김진형은 이번 경매처분과는 아무 상관이 없지만 노인회관을 찾아 주겠다는 일념으로 닥터 박에게 고개를 몇 번이고 꾸벅거리며 양손을 싹싹 비볐다. 소아과 의사인 박 씨는 "이 건물은 내가 산 것이 아니라 내 아내가 산 것이니 내 아내와 의논해 보겠습니다."라고 했다. 언론사에서는 벌써 누구에게서 전해 들었는지 우리가 이야기하고 있는 동안 기자가 끼어들었고 그날 밤 신문은 이 기사를 대서특필하고 노인회의 행정 부재를 심하게 비판하였다.

8월 4일 김진형은 정의식 노인회장과 다시 H소아과 병원을 찾았다. 어제 닥터 박과 만난 인상은 그리 좋은 결과를 기대할 수 없겠다는 걱정을 하며 병원에 도착하니 뜻밖에도 박 여사는 나와 잘 아는 분이었다. 박 여사는 반기며 이 회관을 산 값에 되돌려 주겠노라고 흔쾌히 선언하였다. 이런 미담이 어디 있단 말인가? 노인회관은 사실상 약 40만 달러의 시세여서 따지고 보면 박 여사는 약 20만 달러를 벌었다가 놓치는 격이었다. 언론들은 이 미담을 다투어 보도하였다. 그런데 문제는 그때부터 복잡하게 전개되어 나가기 시작했다.

(1) LA카운티정부 세무국은 박 여사가 노인회관 건물 낙찰시 세무국에 지불한 돈 19만4천214달러 90센트 중 체납된 재산세 9천979달러 53센트를 제외하고 나머지 18만4천235달러 37센트를 한국노인회에 돌려주어야 노인회는 박 여사가 그간에 들어간 경비, 납부한 세금 등을 보태서 회관을 원상대로 되사는 수속을 할 터인데 세무국은 이 돈을 1년 동안 내어주지 않고, 혹시 있을지도 모르는 또 다른 정부의 빚을 제하기 위하여 1년 후에야 남은 돈을 노인회에 반환한다는 것이다. 이렇게 되면 노인회로서는 노인회관을 되사는 돈을 마련할 수 없어 박 여사가 요구하는 은행이자율의 집세 1천600달러를 매달 내야 한다.

(2) 여기에 또 다른 큰 두통거리가 등장하였다. 미국 하와이주에 있는 '트래커스 USA'라는 자산회수 대행회사가 노인회관 경매에 관한 공고를 보고 노인회에 서신을 보냈는데 내용은 경매가 되면 우리 회사가 재산세를 제한 나머지 돈을 회수하여 줄 터이니 그 수속을 우리 회사에 맡겨주면 우리 회사는 수령액의 37퍼센트의 수수료를 받고 LA카운티 정부로부터 나머지 돈을 찾아 주겠다는 것이었다. 한국노인회에 부회장을 맡고 있던 모 여자대학교 출신의 할머니가 이 편지를 번역하기를 어떤 사람의 유산으로서 미국 정부에 귀속되는 18만4천235달러 37전의 돈이 있는데 봉사활동을 많이 하는 한국노인회에 봉사활동 보조금으로 정부에서 타 줄 터이니 서명란에 회장이 서명하여 주면 수속해 주겠다는 서신이라고 설명했다. 영어 해독이 힘든 정 노인회장은 그 말을 믿고 재산세 잔금을 받아 주겠다는 서류에 서명하여 하와이에 있는 트래커스USA 회사에 권리이양서를 발송하였다는 것이다. 그러니까 1

년 후에 한국노인회가 세금을 제한 나머지 돈을 찾으려면 하와이의 트래커스USA회사가 이 일을 대행하게 되며 그들은 그 수령액 중 자기의 몫 37퍼센트를 내라는 권리 주장을 법적으로 하게 되는 것이다.

이것을 알게 된 언론사가 하와이에 전화를 걸었더니 그 회사 대표는 수수료를 받을 법적인 권리를 한국노인회로부터 부여받았기 때문에 경매 잔금 반환 수속을 대행하여 잔금을 받으면 그 금액의 37퍼센트의 수수료를 받을 것이라 주장하였다. 갈수록 첩첩산중(疊疊山中)이라더니 이번엔 참으로 어이없는 또 다른 문제가 야기된 것이다. 이런 사실들이 언론에 보도되자 한국노인회를 질투하던 다른 노인단체들이 건물 낙찰자인 박 씨 부부를 찾아가고 전화하여 절대로 회관을 돌려주지 말라고 부추기는 것이었다. 한술 더 떠서 LA한인회장은 라디오 방송에 나와 노인회장을 신랄하게 비판하고, 노인회의 행정 능력 결여를 들어 LA한인회가 이를 맡아 해결하겠다고 나섰다.

노인들이 우왕좌왕하며 회관에서 쫓겨날까 보아 매일같이 태산 같은 걱정을 앞에 놓고 영어를 몰라 전전긍긍하는데 도움을 주지는 못할망정 이 기회에 이 노인회를 없애버리려고 거짓 루머를 퍼뜨리고 모략하며 괴롭히니 참으로 속이 편하지 않았다. 노인회관 문제로 수없이 많은 언론사로부터 전화를 받았다. 인터뷰하자고 하여 그때마다 정 회장이 회관을 먹으려 한다는 것은 당치도 않은 말이며 건물주 명의가 비영리단체로 등록된 한국노인회(Korean Senior Citizens' Association)로 되어야 하는데 한국 노인커뮤니티회(Korean Senior Citizens Community Association)라고 되어 있지만 '커뮤니티'란 필요 없는 단어만 빼면 문제가 없을 뿐만 아니라 비단 커뮤니티란 단어가 들어갔다 하더라도 그 자체가 노인회이지 정 회장 개인의 것은 절대로 아니라고 밝혀 주었다. 그러나 악성 루머는 잘 퍼지는 법, 한인사회는 삽시간에 정의식 회장이 커뮤니티 성금으로 산 노인회관을 자기 개인소유로 해 놓았다는 소문이 한인사회 전체에 퍼지는 것 같았다.

언론사들은 서류는 보려고도 하지 않고 이 루머를 그대로 기사화하고 있었다. 참으로 우리 언론계의 무책임한 행위에 회의를 느끼지 않을 수 없었다. 게다가 정 회장 밑에서 부회장으로 일하다가 뜻이 맞지 않아 한국노인회에서 나간 백OO란 사람은 정 회장을 헐뜯는 삐라를 가지고 다니며 뿌리고 이OO란 여자는 라디오 방송에 나와서 한국노인회관의 문제를 LA한인회가 맡아서 처리해야 한다고 목청을 높였다. 남이 어려움을 겪고 있는데 도와주려는 사람은 보이지 않고 모두가 정 회장을 밟아 버리려는 사람들만 목청을 높이고 있었다.

그런 가운데 KTE 텔레비전 방송국(KBS의 자회사)만이 정 회장의 입장을 잘 아는 듯 김진형에게 찾아와서 모든 서류를 눈으로 확인하고 그날 저녁 방송에 건물 등기서류를 텔레비전 방송으로 비추고 또 '한국노인회 정관 제8, 9장 재정 및 부칙'에서 밝히고 있는 "노인회는 영원히 해산하지 않으며 노인회관은 영구 보존된다. 누구를 막론하고 본회의 재산은 취득할 수 없다." 등의 정관 조문들을 TV화면에 비춤으로써 한인사회가 다소 잠잠해지는 것 같았다.

김진형은 LA카운티 정부와 수차례에 걸쳐 이 문제를 놓고 회합을 가졌지만 세무국은 세무 잔금은 연방세법 규정에 따라 앞으로 1년간 카운티 정부에 유예되어야 하며 커미셔너 김과 버어크 수퍼바이저가 잔금 반환을 신속하게 해줄 것을 바라고 있지만 법을 어길 수는 없다는 입장을 확고히 하였다. 김진형은 버어크 수퍼바이저 스텝들과 여러 차례 회합 끝에 결국 두 가지 방안 중 택일할 것에 의견을 모았다. 버어크 수퍼바이저가 1년 동안 자기의 예산에서 18만 4천여 달러를 노인회에 빌려주어 그 돈으로 우선 노인회관을 박 여사로부터 되사고 1년 후에 세무국으로부터 돈이 돌아오면 버어크 수퍼바이저에게 갚는 방법, 회관 경락자인 박 여사가 이미 돌려 줄 의사를 밝혔으므로 원상태로 무를 수 있는가를 세무국과 교섭하는 것이었다.

정부 기관이 경매한 건물을 다시 물러 준다는 것은 있을 수 없는 일이지만 김진형은 하와이의 트래커스 USA회사의 37퍼센트 수수료 문제도 있어서 만일 물러 줄 수만 있다면 그것이 최선의 방법이라고 주장하였다. 버어크 수퍼바이저는 세무국으로부터 경락자인 박 여사가 동의하고 LA카운티 수퍼바이저 의회가 원상대로 물러줄 것을 의결하면 특례이긴 하지만 원상복구를 하여도 법에 저촉되지는 않는다는 세무국 고문변호사의 의견을 청취하게 되었다. 이를 들은 버어크 수퍼바이저 의장은 이를 의안으로 의회에 상정하여 8월 29일 경락자의 동의를 전제로 노인회관을 원상대로 돌려주자는 데에 5명의 수퍼바이저들을 설득하여 만장일치로 그 안을 가결하였다.

　　김진형은 기쁨에 넘쳐 단숨에 노인회로 달려가 이 사실을 알리고 경락자인 박 여사에게도 알렸지만 박 여사 부부는 무조건 돌려주겠다던 순수한 마음에 약간의 변동이 있는 것 같았다. 조건이 붙기 시작하였다. LA한인회가 자기 단체에 처리를 맡기라고 하였다, 여러 노인단체들이 찾아와서 돌려주지 말라고 하였다, 돌려주려면 정 회장이 개인소유로 할 수 없도록 제도적 장치를 하기 위한 조건을 달고 주라고 했다, 에스크로(Escrow)를 열고 하자, 변호사를 통하여 하자는 등, 하루하루가 힘겹게 조건이 달라지고 나중에는 정의식 회장이 물러나야 한다는 조건을 넣으라는 등, 물러주는 데 동의한다면서도 건물 포기의향서 서명에 좀처럼 응하지 않고 일주일 동안 시시각각으로 변심하여 애를 먹었다. 이렇게 말해도 안 되고 저렇게 말해도 설득이 안 되는 형편이었다. 너무나 힘들어 혈압이 올라 이를 포기하고 손을 떼려고까지 하였다.

　　언론사에 도움을 요청하였지만 정 회장이 너무 오래 회장직을 맡고 있고 세금 밀린 것에 대한 반성의 기미가 보이지 않기 때문에 도와줄 수 없다고 했다. 한인 이민 역사상 한인들의 성금으로 최초로 장만한 노인회관을 정 회장이 밉다고 한인사회의 재산을 날려버리자는 말과 같았다. 정 회장은 당시 80을 넘어 은퇴할 날도 얼마 남지 않았는데 그가 이 회관을 살 때 세운 공로와 연방정부에서 무상보조금을 받아 노인사회를 위해 아리랑 아파트를 세운 일, 그 밖에도 헤아릴 수 없이 많은 봉사로 한인 노인들을 도와준 공은 다 잊어버리고 그를 불명예스럽게 내쫓으려는 한인사회가 참 한심했다.

당시 LA한인회장 H씨는 단체장들을 모아 놓고 노인회 사태에 관하여 정의식 노인회장이 책임을 져야 한다고 비난하고 그 회의에서는 노인회장의 자진 사퇴와 경매 잔금 수령 금지를 위한 가처분명령 신청을 법원에 내야 한다는 말까지 나왔다. 이미 LA카운티 정부가 박 여사에게 경매를 무효로 하고 돈을 돌려주기로 결정하였는데도 불구하고 한인회장은 라디오 코리아 방송에 나와 자기는 부동산에 경험이 많은 사람인데 김진형 씨가 당치도 않는 일을 한다고 비난하며 LA카운티 정부가 한번 법대로 경매처분한 것은 절대로 되돌릴 수 없다고 잘라 말하고 마치 안 되는 일을 되는 것처럼 한인사회에 거짓말하고 있다고 방송하였다.

김진형은 누가 무어라고 하거나 말거나 노인회관을 다시 찾는 것이 우리 교포의 재산을 찾는 일이라 생각하고 계속 박 여사와 연결을 짓고 건물 포기각서에 서명할 것을 종용하였다. 9월 14일에 비로소 박 여사로부터 전화를 받았다. 박 여사는 그동안 여러 사람의 말들이 헛된 말들이란 것을 알았다며 심경의 변화를 일으킨 듯 건물 포기의향서에 서명하겠다고 전하여 왔다. 조건으로는 일이 끝나더라도 서로 명예훼손이나 싸움이 없도록 하자는 합의서를 만들어 서로 서명하여 갖도록 하자는 것이었다. 이리하여 박 여사 부부의 뜻을 따라 양측은 서로 합의서에 서명하고 김진형은 그 합의각서의 입회인으로 서명했다.

김진형에게 중요하였던 것은 LA카운티 정부에 빨리 제출해야 할 건물 포기각서의 서명이었다. 박 여사의 서명을 받고 즉석에서 카운티 정부로 달려가 이 서류를 제출하였다. 카운티 정부가 마냥 이 서류를 기다려 줄 리가 없기 때문이다. 그러지 않아도 카운티 정부는 우리가 돌려준다고 하는데 어째서 한인들이 돌려주지 말라고 하는지 이해하지 못했다고 한다. 정의식 노인회장이 개인소유로 했다지만 등기에는 정의식 개인이 아니고 한국 노인단체 명의로 소유주가 되어 있는데 왜 한인들이 그런 거짓말을 하는지 도저히 이해가 가지 않는다며 묻는 것이었다. 슬프게도 이런 식의 창피함을 여러 번 당할 때마다 그들을 이해시키느라고 진땀을 흘린 적이 한두 번이 아니었다.

그러는 가운데 LA카운티정부는 경락금(競落金) 일체 반환을 위한 수속을 시작하였으며 한국노인회도 즉석에서 세금액을 보증수표로 만들어서 세무국에 밀린 세금을 납부했다. 카운티 세무국이 노인회로부터 세금을 받아들이자 노인회는 환호성을 터뜨렸다. 이는 LA카운티가 한국노인회로 회관을 되돌려준다는 표시이기 때문이다. 이로부터 1주일 뒤 모든 결재가 끝나고 박 여사에게 환불할 정부수표가 준비되면 세무국은 김진형에게 박 여사를 대동하고 카운티 정부가 준비한 마지막 서류에 서명하고 수표를 찾아가라고 하였다.

9월 19일 세무국의 담당과장은 김진형의 사무실로 전화를 걸어 모든 것이 준비되었으니 내일 아침 9시에 박 여사와 함께 세무국으로 나와 달라고 했다. 9월 20일 김 커미셔너는 박 여사와 함께 세무국으로 아침 9시 정각에 들어갔다. 이날 박 여사가 카운티 정부 세무국 관리의 입회하에 또다시 확인 절차를 위한 회관 건물의 소유권 포기서류에 최종적으로 서명하고 그녀가 회관 건물 매입 시 지불하였던 돈을 환불받음으로써 그 순간부터 회관 건물은 한국노인회로 되돌아갔다. 그간 LA의 전 한인사회를 떠들썩하게 만들었던 한국노인회관 경매처분사건은 해피 엔딩으로 일단락된 것이다.

LA 카운티정부가 준비한 서류의 내용을 소개하면 다음과 같다.

RESCISSION OF TAX DEED TO PURCHASER OF TAX-DEFAULTED PROPERTY

Which was declared to be tax-defaulted for the fiscal year 1990-1991 under

Default

Number: 5077-019-019

Assessor's Parcel Number: 5077-019-019

By resolution of the Board of Supervisors of Los Angeles County in conjunction with the written consent of both the purchaser at tax sale and the County Counsel , the sale held in accordance with Chapter 7 of Part 6 of Division 1 of the Revenue and Taxation Code has been rescinded.

Therefore, in accordance with Section 3731 of the Revenue and Taxation Code, that Tax Deed to the Purchaser of Tax-Defaulted Property, recorded AUGUST 21, 2000 under Instrument Number 00-1311752 of Official Records of the county is hereby rescinded. The tax deed is hereby declared to be null and void as though never issued.

The undersigned purchaser at the sale acknowledges that the rescission of the tax deed referred to herein releases any and all interest in and to the property acquired by said tax deed.

1990-1991 회계 연도 동안 재산세 체납 번호: 5077-019-019 와

재산감정번호: 5077-019-019의 번호로 세금 체납이 선언되어

경매된 부동산의 구매자의 소유권증서(Tax Deed) 무효화

카운티 정부 세금 체납재산 경매에서 위 부동산을 구매한 사람과 카운티 정부의

법률고문 양측의 서면합의에 의하여 로스앤젤레스 카운티정부 의회 의장단은 경매 무효 합의를 승인하는 결의를 하였으므로 세입 세법 제1장 7조 6항에 따라서 행하여졌던 경매는 무효가 되었다.

그러므로 세입 세법 제3731호에 따라서 재산세 체납 부동산을 경매에서 산 구입자에게 카운티 정부 등기부 증서 번호 00-1311752로 2000년 8월 21일에 정부 등기소에 법적으로 기록된 소유권 증서는 무효이다. 이 문서에 따라서 그 소유권 증서는 마치 발행된 적이 없는 것처럼 효력이 없을 뿐 아니라 무효임이 선언된다.

아래에 서명하는 위 부동산의 구입자는 위에 합의한 사실에 비추어 위에 말한 소유권증서에 의하여 얻어졌던 부동산에 대하여 모든 소유권을 포기하며 그의 소유권 증서는 무효 되었음을 인정한다.

LA 카운티 정부 대표는 위의 법적 서류를 박 여사에게 읽게 하고 그녀가 좋다고 하자 그 서류 위에 서명하게 하고 자기도 그 밑에 서명한 후 LA카운티 정부가 발행한 19만4천241달러 90센트의 수표를 내어주며 자기는 카운티 정부에 들어와서 이런 일은 처음 해 보는 일이라고 웃으며 말하였다.

한국노인회가 연방정부와 LA시 정부가 제공하는 무상보조금으로 75가구의 대형 노인아파트를 지어 한인사회에 큰 공을 세우고 봉사활동을 잘하고 있는 것을 질투하여 이 사건이 일어나자 3개월 동안 악성 루머를 퍼뜨리고 카운티 정부에 정의식 회장이 회관을 자기 개인소유로 하려 하니 물러 주지 말라고 투서질을 하고 전화를 걸어 음해하던 사람들은 '닭 쫓던 개 지붕 쳐다보는' 신세가 되었다. 옳지 못한 사람들의 목청이 높아 그동안 한인사회가 매우 시끄러웠으나 선의의 교포들은 조용히 침묵을 지키고 있다가 김진형이 회관 문제를 마무리 짓자 사방에서 축하의 전화가 오고 만나는 사람마다 고맙다는 인사를 하였다. 특히 김명배 총영사는 만난 자리에서 참으로 수고하였다는 인사를 하였다. 그간에 정의식 노인회장 앞잡이라느니 돈을 먹으려 한다느니 노인회장이 하고 싶냐 등 별별 소리를 다 들었지만 김명배 총영사가 수고했다고 알아주는 말에 그간의 피로가 풀리는 듯하였다. 김진형 노인복지국 커미셔너는 LA카운티 정부의 이반 버어크(Yvonne Burke) 의장에게 상신하여 닥터 박 부부에게 LA카운티 정부의 감사장을 받도록 주선했다.

한인 여성노인합창단의 아름다운 이야기

6·25전쟁 때 인천상륙작전으로 남침하였던 북한군의 허리를 잘라 우리나라 국토를 회복케 한 영웅 맥아더 장군을 모르는 한국인이 없다고 해도 과언은 아닐 듯싶다. 그런데 맥아더 장군은 그 이전에 미국을 위하여 많은 공을 세워 LA시정부에서는 6·25전쟁 이전에 벌써 맥아더 장군을 기리기 위하여 LA시 한가운데에 맥아더 장군의 동상을 세운 맥아더 공원을 조성해 놓았다.

이 공원은 LA의 코리아타운에서 자동차로 약 5~7분 정도면 갈 수 있는 거리다. 그 공원 근방 북쪽 언덕에는 은퇴한 노인들이 정부 보조금으로 살고 있는, 미국 회사가 건립한 대형 아파트가 있다. 그 아파트의 이름은 맥아더 공원 위에 탑처럼 높이 섰다는 의미에서인지 맥아더 공원 탑 아파트(Mac Arthur Park Towers)라 한다. 여기서 타워즈라고 한 것은 탑처럼 높은 여러 채의 아파트 건물들을 뜻한다. LA시정부에서 낙후된 시설에 보수 공사를 하라는 지적을 받고 일부 아파트를 폐쇄하고 개수 공사 끝에 다시 개장하는 날이었다. 김진형 LA카운티 노인복지국 커미셔너도 초대되었는데 갑자기 고운 한복 차림의 한인 여성노인합창단이 등장하여 한인 여성노

인 피아니스트의 반주에 맞추어 아름다운 노래들을 선사함으로써 식장 안을 화사하게 만들었다.

미국 정부는 은퇴하고 수입이 없어 가난하게 사는 노인들에게 정부 보조금으로 노후를 살아갈 수 있도록 많은 혜택을 주고 있다. 김진형 커미셔너는 이 아파트 소유주에게 노인들에게 잘해달라는 격려의 뜻에서 LA카운티 정부 감사장을 갖고 가서 아파트 관계자에게 수여하였는데 그 기사가 은퇴 노인들의 주거지의 정보를 다루는 RHF란 잡지에 기사화된 것이다.

사진 속의 한복 차림의 한인여성노인들은 모두 이 아파트의 입주자들로 여가 선용으로 합창단을 조직하여 노래하며 서로 미국의 생활정보를 알려 주고 어려움이 있으면 함께 도와주며 살고 있다고 말하였다. 한인 할머니들도 한국인인 김진형 커미셔너가 참석하여 축하해 주는 것을 자랑스러워했고 김진형 역시 한인 할머니들이 고운

한복차림으로 나와서 합창하는 광경이 너무나 아름답게 보여 참으로 기분 좋은 하루
였다.

LA시 정부 '김진형 박사 광장 (Dr. Gene Kim Square)' 명명

80세가 되던 2013년, 그해 8월 23일은 영원히 잊을 수 없는 날이 되었다. 로스앤젤
레스 시의회에서는 미국 사회에 기여한 김진형의 공로를 인정하여 코리아타운 입구
인 버몬 거리(Vermont Avenue)와 올림픽 거리(Olympic Boulevard) 교차로 광장
을 '김진형 박사 광장(Dr. Gene Kim Square)'으로 명명하고 이 광장의 네 모퉁이에
'김진형 박사 광장'이란 푯말을 세워 그의 공덕을 영원히 기리기로 LA시의원 15명
이 만장일치로 결의한 날이다. 김진형의 이름을 영어로는 Gene Hyoung Kim으로
쓰고 있으나 LA의 정치인들은 주로 애칭으로 진 킴(Gene Kim) 또는 빅 엉클(Big

Uncle)로 불러 그렇게 통하고 있었다.

결의문의 내용을 대강 살피면 "김진형 박사는 일제강점기 때에 평양에서 태어나서 6·25전쟁으로 대한민국으로 남하하여 서울대학교를 졸업하고 미국으로 도미하여 LA시에 정착했다. 그 후 한글 간판 달기 운동으로 코리아타운을 형성하고 코리안 페스티발과 퍼레이드를 창시하여 다민족 문화축제로 한미문화 교류 증진에 크게 공헌하였다. 특히 그는 코리아타운 경계 도면을 제출하여 코리아타운을 공식화하였고 LA시정부를 위하여 경찰청 허가담당 커미셔너로 13년 그리고 LA카운티 정부를 위하여 노인복지 커미셔너로 18년간 봉사하면서 미국 정부에 기여한 바가 크다. 그러므로 LA시의회는 LA시의 모든 사람들이 '김진형 박사 광장'을 지날 때에 그를 기

억하게 하고자 '김진형 박사 광장' 표지판을 네거리 모퉁이에 설치하는 것이다."였다. 이 소식을 접한 LA주재 대한민국 총영사관의 신연성 총영사는 김진형에게 왼쪽과 같은 감사장을 수여하였다. 80살에 생전 처음으로 받은 대한민국 정부 기관의 감사장이다.

'김진형 박사 광장' 표지판 현판식(懸板式)

'김진형 박사 광장' 표지판의 현판식은 코리아타운에 위치한 올림픽경찰서 커뮤니티 룸에서 거행되었다. 이 자리에는 허브 웨슨(Herb Wesson) LA시의장과 LA카운티 정부의장을 지내고 은퇴한 이본 버어크(Yvonne Burke) 전 의장, 짐 디어(Jim Dear) 카슨시 시장(Mayor of Carson City) 등, 다수의 정계 인사들과 김진형 박사가 경찰 커미셔너를 역임한 탓에 LAPD 경찰청 하라 부국장을 비롯한 경찰 고위간부들도 다수 참석하였다. 일본계인 테리 하라 부국장은 김진형 LA경찰국 허가담당 커미셔너의 노력으로 동양인 경찰 캡틴(한국의 서장급 총경 계급)인 폴 김 캡틴이 승진하자 그 역시 고속 승진하여 LA경찰국의 부국장이 되어 '김진형 박사 광장' 명명식에 LAPD를 대표하여 축하객으로 참석하였다.

〈미국 국회 상원 패트릭 제이 레이히 의장의 편지 번역문〉

친애하는 김 박사님

나는 로스앤젤레스시의 시민들과 함께 김진형 박사의 42년간의 LA시민사회를 위하여 헌신한 봉사에 대하여 감사의 뜻을 기리는 일에 동참하고자 합니다.

　귀하는 커뮤니티의 리더로서 미국의 정체성 확립과 번영을 위한 일에 중요한 역할을 해 왔습니다. 여기에는 로스앤젤레스 시의 한국의 날 지정, 코리아타운 지역의 공식화, 한인 이민자 1세대들을 위하여 CSULA를 통하여 영어강좌를 실시한 업적 등이 포함됩니다. 가장 인상적인 것은 1974년에 귀하가 창시한 코리안 축제와 퍼레이드입니다. 이제 41년을 맞이한 이 행사는 전국에서 가장 대단한 민족 축제 중 하나로 성장했으며 전체 커뮤니티를 위한 통합 행사 역할을 합니다.

　1984년 5월 24일에는 귀하의 이름이 귀하의 사회봉사로 기여한 공헌, 성취의 업적

코리아타운에 있는 올림픽경찰서의 커뮤니티 룸을 가득 메운 김진형 박사 광장 현판식 축하객.

현판 제막 현장에 모인 축하객.

김진형 박사 광장
현판식 축하객.

카슨 시장이
직접 참가해 패를 주며
축하하고 있다.

김박사 형제 자매들이
기뻐하는 모습.(사진 위)
올림픽 경찰서에서
열린 '김진형 박사 광장 의
LA시정부 명명식에서
김박사 둘째 아들 전
매릴랜드 판사 김국현이
하객들에게 감사 인사를
하고 있다.

광장 명명식에 참석한
이반 버어크 전 LA카운티
의장, LA시의회 허브
웨슨 시의장, 남가주
목사회 회장과 함께.

테리 하라 LAPD 부국장,
티나 니에토 올림픽
경찰서장도 함께했다.

과 모범적인 커뮤니티 리더쉽이 인정되어 국회 하원의 의사록에 등재되어 읽혀집니다. 귀하의 이 업적에 대한 인정은 오늘날까지도 남아 있습니다. 그러므로 로스앤젤레스 시의회가 올림픽 거리와 버몬 거리 교차로 광장을 '김진형 박사 광장'이라고 지정하여 기념하는 것은 아주 적절한 조치입니다. 귀하의 개인적인 성공과 많은 프로그램의 지속적인 성공을 축하합니다.

미국은 귀하와 같은 활기찬 지도자들에게 빚을 지고 있습니다.

패트릭 제이 레이히 미국 국회 상원의장

당신이 자랑스럽습니다! (친필)

버몬트와 올림픽 거리 광장 사거리 모퉁이에 '김진형 박사 광장' 현판. 강형원© 2023.

김진형 박사 광장 현판식에 많은 경찰관들이 나와 축하했다.

김진형 박사 광장 명명식에서 인사말을 하는김진형 박사. 올림픽경찰서 티나 니에토 서장이 박수를 보내고 있다.

LA정가에서 빅 엉클(Big Uncle)로 불리다

김진형 코리아타운번영회 명예회장이 미국 정가에 널리 알려지자 미국 정가에서는 코리안 커뮤니티(Korean Community)라면 진 킴(Gene Hyoung Kim의 애칭)을 떠올리고 접촉하려고 했다. LA한인회가 남가주 지역에서 한인 커뮤니티를 대표하는 단체라고 아무리 주장하고 나서도 미국 정가에서는 코리아타운과 연관된 일이 있으면 모두 '진 킴'을 찾았다.

한편 미국 정가에서는 김진형을 Big Uncle 또는 코리아타운의 God Father라고 부르기도 하였다. 처음에는 네이트 홀든 제10지구 시의원의 허브 웨슨 비서실장이 네이트 홀든 시의원과 가깝게 지내던 김진형을 빅 엉클(Big Uncle)이라고 부르기도 하고 코리아타운의 갓 파더(God Father)라고 부르기 시작했다. 그러자 그의

코리아타운 입구 교차로 광장을 LA시정부가 '김진형 박사 광장'이라고 명명한 것을 축하할 때 LA시정부의 에릭 가세티(Eric Garcetti) 시장과 허브 웨슨(Herb Wesson) 시의장이 서명한 축하장을 김진형 박사에게 전달했다. 축하장에는 '빅 엉클 (Big Uncle)'이라고 쓰고 있다.

모든 비서진들이 따라 부르게 되어 김진형의 별명이 빅 엉클이 되고 말았다. 그래서 LA시청에 들어가면 공무원들은 모두 김진형을 빅 엉클이라고 불렀다.

허브 웨슨 의원은 후일 캘리포니아주 하원의장을 역임하였고 이어 그 후에 LA시의 제10지구 시의원에 당선되어 한인을 위한 일에는 언제나 앞장을 서서 도와주었다. 그리고 그 후 LA시의장으로 선출되어 오랜 기간 LA 시의장직을 수행하였다. 아래는 축하장 번역문이다.

캘리포니아주 로스앤젤레스시는 빅 엉클인
진 김(김진형의 애칭)씨를 축하합니다

모든 주민들의 삶의 질을 향상시키기 위한 귀하의 적극적인 마음쓰임과 손길을 인정하며 이에 대하여 감사를 표합니다. 한인 커뮤니티를 위한 귀하의 리더쉽과 서로 다른 문화를 이해시키기 위한 지속적인 귀하의 노력은 로스앤젤레스 시민들에게는 참으로 칭찬받아 마땅한 일입니다. 그러므로 LA시 정부는 귀하의 커뮤니티를 위한 헌신적 봉사에 대하여 치하하며 축하하는 바입니다. 앞으로도 계속적으로 노력을 해주실 것을 바라는 바입니다.

2014년 9월 14일

허브 웨슨 LA시의장

에릭 가세티 LA시장

미국 정치인들이 한인사회의 행사에 나와서 축사를 할 때면 의례히 김진형을 불러내어 추켜세우며 김진형과 가까운 친구라는 것을 표하는 모습이다.

민병용 관장 'LA코리아타운과 한국의 날 축제' 출판기념회

원래 민병용 LA한인역사박물관 관장은 그의 저서에서 밝혔듯이 연세대학교 출신으로 한국의 한국일보에서 기자 생활을 하다가 도미(渡美)한 후 1974년부터 다시 LA 한국일보에서 기자 생활을 시작했다. LA한국일보에서 편집국장과 논설위원까지 역임하고 은퇴하여 현재는 LA한인역사박물관의 관장으로 활동하고 있다. 따라서 도미 초창기에 LA한국일보 사회부 기자로 활동하면서 김진형 박사가 코리아타운을 만들어 나가는 과정을 초기부터 모두 보아 온 터라 코리아타운이 LA시정부에서 정식으로 인가받는 과정까지 모두 정확하고 소상하게 알고 있었다.

그는 LA한국일보에 재직 시에는 김진형이 코리아타운을 만들어 나가는 과정을 훤히 알고 있었지만 사주가 김진형 코리아타운번영회 회장을 반대하는 입장이어서

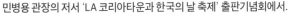

민병용 관장의 저서 'LA 코리아타운과 한국의 날 축제' 출판기념회에서.

민병용 관장이 저술한 'LA 코리아타운과
한국의 날 축제'의 표지.

신문에는 단 한 줄도 쓸 수가 없었다고 했다. 민병용 기자는 언론인의 사명을 다하지 못하면서도 가정을 유지하기 위하여 직장을 버릴 수 없었다며 2017년 초 어느 날 면담을 하면 좋겠다는 전화를 해왔다. 코리아타운 형성의 역사를 쓰고 싶다는 것이었다.

민병용 관장은 본인이 기자로서 코리아타운 형성과정을 모두 보아왔지만 기사로 쓰지 못했던 것을 잘 정리하고 싶다는 요지였다. 난데없는 사람들이 코리아타운을 자기가 만든 것처럼 자서전을 쓰고 떠벌리고 다니니 이를 한인역사박물관장으로서 바로잡고 싶다는 것이었다. 그러면서 민 관장 자신이 갖고 있는 자료가 풍부하지만 김진형 박사가 소중히 간직하고 있는 자료들이 있다면 빌려주면 좋겠다고 정중히 요청해왔다. 그러지 않아도 1977년도에 코리아타운번영회 회장으로 취임하였던 이희덕 전 회장이 자기가 코리아타운을 만든 것처럼 말하고 다니며 자서전도 그렇게 썼다는 소문이 파다하게 나돌았고 양OO 씨도 그런 자서전을 썼다는 소문이고 LA한인회 인사 몇 분도 코리아타운을 자기가 만들었다고 한다는 소문이 나돌고 있는 형편이었다.

김진형은 세상이 다 아는 일인데 누가 믿으랴 웃어넘기고 있었지만 마음은 불편하던 차에 민병용 관장의 말은 너무나 기쁘고 고마웠다. 그래서 갖고 있던 모든 자료를 민병용 관장에게 빌려주었다. 그 후 2018년 9월 10일, 민병용 관장이 저술한 'LA 코리아타운과 한국의 날 축제'라는 책자가 발간되었다. 민병용 관장의 발간사는 모든 증거자료에 근거를 제시하면서 집필하였음을 분명히 밝히고 있다.

출판기념회에서 한인 이민 1세 안창호 선생의 셋째 아들 랄프 안(Ralph Ahn) 선생이 축하의 말을 하고 있다.

　　민병용 LA한인역사박물관 관장의 출판기념회는 LA코리아타운 내의 가든 스윗 호텔(Garden Suite Hotel) 볼룸에서 2018년 9월 10일에 개최되었다. 많은 한인 인사들이 모여 코리아타운 형성의 주역이었던 김진형 박사에게 수고하였다는 격려의 말씀을 전했다. 특히 안창호 선생의 셋째 아들인 랄프 안(Ralph Ahn) 선생이 한인 1세 이민자의 후예인 친구와 함께 참석했다. 안 선생은 LA시에 300명도 안 되는 한인이 살던 시절 동양인 차별대우로 모든 것이 고생스러웠던 옛 시절을 회상(回想)하며 오늘과 같이 이렇게 빠른 속도로 자랑스러운 코리아타운이 형성된다는 것은 꿈에도 생각할 수 없었다며 민병용 LA한인역사박물관 관장으로부터 코리아타운 형성과정의 이야기를 듣고 김진형 박사의 노고에 대하여 극찬하였다.

　　이날 출판기념회에는 서울대학교 남가주동창회에서도 여러 동문들이 참석해 주었다. LA한인역사박물관이 발간한 코리아타운 형성의 역사서에 김진형 서울대

동문이 주역이란 사실이 알려지자 많은 동문들이 참석하여 축하해 주었다. 특히 동창회는 한국의 서울대학교에 상신하여 서울대학교 성낙인 총장의 공로패(영광 부문)를 받게 해주었다. 공로패는 재미 서울대학교 총동창회에서 김진형 박사에게 전달하였다.

LA 시의회에서 '코리아타운의 날' 제정 선포

LA시가 매해 12월 8일을 'LA 코리아타운의 날(LA Koreatown Day)'로 제정 공표하였다. LA한인역사박물관 민병용 관장은 김진형이 LA코리아타운번영회를 창립하여 코리아타운 형성사업을 시작한다고 발표한 첫날이 1972년 12월 8일이며, LA시정부가 공식적으로 코리아타운을 LA시의회에서 안건으로 상정해 만장일치로 코리아타운 경계구역 확정을 결의한 날도 1980년 12월 8일인 것은 우연의 일치지만 기념할 가치가 있다면서 이 날을 'LA코리아타운의 날'로 제정하여 LA한인들이 이 날을 기념하게 해 달라고 LA시의회, 2018년 당시 제10지구 허브 웨슨(Herb Wesson) 시의원에게 청원서를 제출하였다.

코리아타운이 속해 있는 제10지구의 허브 웨슨 시의원은 2018년 12월 5일 오전 10시에 시의회 의사일정에 이 안건을 올려서 이 날 LA시의회에서 의결할 것이라고 발표했다. 이 사실을 전해들은 많은 한인사회 인사들과 단체장들 그리고 언론사들은 표결 과정을 지켜보고자 LA시의회에 몰려가 일반인 방청석에 앉아서 의사 진행사

'코리아타운의 날' 제정 선포의 날 LA시정부가 코리아타운과 코리안 축제를 창시한 김진형 박사에게 수여한 증서.

사진 중앙의 김진형 박사에게 축사를 해주려고 나온 한국계 데이비드 류 LA 4지구 시의원과
오른쪽에 로라 전 LA한인회장.

항을 참관하고 있었다. 허브 웨슨 시의원(당시 허브 웨슨 시의원은 LA시의회 의장으
로 막강한 정치적 역량을 갖고 있었음)이 코리아타운의 날(Koreatown Day) 제정
안건을 상정하자 즉석에서 만장일치로 통과되었고 이 안건이 통과되기를 기다리고
있던 LA한인들은 일제히 환호성을 올렸다.

허브 웨슨 LA 시의장은 매해 12월 8일을 LA시의 '코리아타운의 날(Koreatown
Day)'로 한다고 선포하고 의장석 아래로 내려와 참관 중인 한인들과 함께 즉석에서
선포식을 가졌다. 김진형은 코리아타운 형성의 주역으로 이에 대한 감사의 답사를
하였다. 그리고 허브 웨슨 LA시의장은 LA한인역사박물관의 민병용 관장과 김진형
코리아타운 형성의 주역 그리고 LA한인사회를 대표하는 로라 전(Laura Jeon) LA
한인회장을 앞에 세우고 'LA코리아타운의 날'이란 기념장을 수여하였다. 이날 LA
주재 한국총영사관의 황인상 부총영사가 LA한국총영사관 대표로 참석하였다가 발
언 기회를 받아 한국 정부 대표로 감사의 말씀을 전했다. LA시의회에서 행사를 마
친 한인들은 코리아타운의 제이제이 그랜드 호텔(JJ Grand Hotel)에서 LA한인역사

박물관이 주최하는 제1회 코리아타운의 날 축하연을 가졌다.

〈표창장 번역문〉

김진형 박사

코리아타운과 코리안 축제 창시자

2018년 코리아타운의 날 선포 행사

커뮤니티 리더 상

　　귀하는 코리아타운의 주민 그리고 그들과 이해관계가 있는 업체나
사람들을 위하여 끊임없는 지원과 그들을 위한 헌신적인 봉사를 다 하였으며 코리안
지역사회 발전을 위하여 바친 귀하의 헌신적 손길은 칭찬받아 마땅합니다.

　　2018년 12월 5일

　　허브 웨슨 LA시의장

　　데이비드 류 제4지구 LA시의원

화기애애한 제2회 코리아타운의 날 행사

2019년 12월 8일은 제2회 코리아타운의 날 기념일이었다. 마침 일요일이라 LA시청에서의 제2회 코리아타운의 날 기념행사는 취소되었고 대신 LA한인역사박물관 주최로 JJ Grand Hotel에서 제2회 코리아타운의 날 기념식을 갖게 되었다. 이 자리에는 LA주재 한국총영사관의 김완중 총영사가 참석하여 코리아타운의 날을 축하하며 자리를 빛내 주었다. 특히 안창호 선생의 3남 랄프 안(Ralph Ahn) 선생이 고령임에도 불구하고 부인과 함께 참석하여 코리안 커뮤니티가 없어서 한인들이 고생하던

제2회 코리아타운의 날 기념식에서 LA 주재 대한민국 김완중 총영사가 축사를 하고 있다. 2019년 12월 9일. 왼쪽 아래는 LA 한인역사박물관이 제공한 소책자 '코리아타운 형성 과정의 역사적 자료'.

옛 시절을 회상하며 이렇게 단시일 안에 코리아타운을 형성하게 한 김진형 박사의 노고에 대하여 감사와 찬사를 아끼지 않았다.

　　한인역사박물관에서는 '코리아타운의 날'을 기념하기 위하여 모인 한인 단체장 및 여러 인사들에게 푸짐한 점심식사를 대접하고 민병용 관장이 집필한 코리아타운 형성의 역사서 'LA코리아타운과 한국의 날 축제'와 '코리아타운 형성과정의 역사적 자료'란 소책자를 무료 배포하였다.

　　특히 코리아타운번영회 초창기에 이사로 있던 한○○ 씨는 한국에서 서울신문사 기자 생활을 하다가 미국에 온 분인데 김진형 회장이 계획하는 사안에 대하여 항상

이견을 내세워 하는 일마다 반대하다가 결국 김진형과 싸우고 번영회의 이사직을 버린 사람이었다. 그런데 이날 코리아타운의 날에 참석하여 김진형과 악수와 화해를 청하여 모든 참석자가 박수로 환영하였다. 또한 김진형은 코리아타운번영회 초창기에 번영회 부회장을 지낸 로버트 리의 포상을 LA시에 신청하여 이날 직접 LA시 정부의 공로장을 전달하였다. 아래는 코리아타운의 날에 허브 웨슨 LA시의장이 발표한 코리아타운의 날 기념사이다.

'코리아타운의 날' LA시의회 허브 웨슨 시의장의 기념사 번역문

허브 웨슨 주니어

로스앤젤레스 시의회 의장 겸 제10지구 LA시의원

코리아타운의 날

로스앤젤레스 시의회 의장이자 제10지구 시의원으로서 저는 오늘 '코리아타운의 날' 제정 행사를 축하하기 위하여 이 자리에 모인 모든 분들을 환영하게 되어 기쁩니다. 이날은 우리의 다양한 커뮤니티가 건설한 랜드 마크 지역을 기념하는 매우 중요한 역사의 한 부분입니다.

　　LA한인역사박물관의 많은 노력과 협력으로 위대한 역사와 문화를 기념하기 위하여 여기에 모였으며 이날은 한인 커뮤니티의 중요한 날입니다.

1980년 12월 8일 김진형 박사가 제출한 코리아타운 특별 계획안을 LA시정부로부터 공식적으로 인정받은 이 풍부한 문화유산은 한인 커뮤니티와 LA시의회의 지도하에 놀랍게도 많은 기업, 학교, 교회, 레스토랑 등 여러 비지니스들을 이 지역에 유치하게 하였고 이제 코리아타운은 모든 사람들이 방문해야 할 아름답고 중요한 목적지가 되었습니다.

　　이 Koreatown Day 연례행사는 One Light Foundation이 함께 하며 세미나, 지

역사회 봉사 활동 등의 행사를 주최자와 함께한다는 것을 자랑스럽게 생각합니다. 이 획기적인 날은 여러 세대에 걸쳐 기념될 전통이 될 것입니다. 우리는 이 중요한 유산에 대한 기여를 기대합니다.

　코리아타운 커뮤니티의 많은 개인과 단체들에 깊은 감사를 드립니다. 로스앤젤레스시의 모든 사람들을 위한 역사적인 날을 만들기 위한 그들의 변함없는 지원을 기대합니다. 감사합니다.

　허브 웨슨 주니어

　로스앤젤레스 시의회 의장

　제10지구 시의원

미국 정가로부터 받은 고희연 축하

김진형은 2003년 9월 29일 어느덧 칠순을 맞아 윌셔가(Wilshire Boulevard)와 노르만디 거리(Normandie Avenue) 서북쪽에 있는 래디슨(Radison) 호텔 볼룸 (Ballroom)을 빌려 큰 잔치를 벌였다. 김진형도 나이가 들면서 가능하면 한인사회의 지도자들과 친목을 도모하기 위하여 평소에 가까이하지 않던 한인 지도자들도 초대하였고 미국인 친구들도 여러 사람 초대하여 즐거운 날을 보냈다.

이날 캘리포니아주 하원의회 허브 웨슨(Herb Wesson) 의장은 캘리포니아주의 주도(州都)인 새크라멘토(Sacramento)시에서 칠순 생일잔치 축하장을 부인에게 지참시키고 그의 비서관 마이클 배(Michael Bae)와 함께 보내왔다. 이 축하장은 현재 한국 한서대학교 박물관 김진형 박사 전시실에 보존되고 있다. 다음은 김진형 회장 70회 고희 잔치에 보내온 캘리포니아 주의회 하원 웨슨 의장의 축하 결의문을 번역한 것이다.

CALIFORNIA LEGISLATURE

Assembly

RESOLUTION

By the Honorable Herb J. Wesson, Jr.
Speaker of the California State Assembly; Relative to commending

Gene Hyung Kim

Whereas, Gene Hyung Kim, a distinguished California resident and Naturalized United States citizen, will mark a milestone in his life in July 2003, with the celebration of his seventieth birthday, and upon this auspicious occasion, he is deserving of the special recognition and heartiest congratulations of the people of the state; and

Whereas, Born in Seoul, Korea, in 1933, Gene Kim holds degrees from Seoul National University and Pepperdine University and, over the years, he has achieved a diversified level of professional and community experience in his roles as Chief Secretary to the President of the Korean Tourist Bureau in Seoul, Korea, Founding President and Chairman of the Koreatown Association of Los Angeles, Founding Chairman of the Board of the Koreatown Multicultural Festival Committee, Commissioner of the 31st United States Congressional District Advisory Committee, and as a member of the Los Angeles Police Department's Asian-American Community Forum; and

Whereas, A public-spirited and civic-minded citizen, Gene Kim is extremely active in community affairs; he participates with the Carson Sister Cities Association, serves as Commissioner of the Los Angeles County Commission on Aging, as well as the Police Permit Review Panel of the Board of Police Commissioners of the City of Los Angeles and, he is an Honorary International Advisor of the City of Inchon, Korea, Chairman of the Sunny Shopping Center, and Advisor to Myplan U.S.A., Inc.; and

Whereas, Gene Kim has received many honors and recognitions for his professional and community service; and

Whereas, Gene Kim is devoted to his lovely wife, Eun-Hoi Kim, and his sons, David Kim and Brian Kim, and throughout his lifetime, he has demonstrated perseverance, steadfastness, honesty, and integrity, which have earned for him the great respect and sincere admiration of a wide circle of friends; now, therefore, be it

Resolved by the Speaker of the California State Assembly, Herb J. Wesson, Jr., That Gene Hyung Kim be congratulated on the occasion of his seventieth birthday, and extended best wishes for a joyous birthday celebration.

Members Resolution No. 2044

Dated this 25th day of July, 2003

Herb J. Wesson

Honorable Herb J. Wesson, Jr.
Speaker of the California State Assembly

칠순 기념 축하결의문

캘리포니아 주 입법부

캘리포니아 주 의회 하원 허브 웨슨 주니어 의장의
김진형 씨 생신 축하 결의문

김진형 씨는 캘리포니아 주에 거주하는 미국 시민권자로 2003년 9월 그의 일흔 번째 생일을 맞이하여 이 경사스러운 날에 캘리포니아 주민들로부터 그의 헌신적 봉사에 대하여 특별한 인정과 진심 어린 축하를 받아 마땅하며 이날은 그의 삶의 한 획을 긋는 이정표가 될 것입니다.

김진형 씨는 1933년에 대한민국 평양에서 태어났으며 서울대학교에서 학사 학위를 받고 페퍼다인 대학교 대학원에서 수학하였으며 한국에서는 여러 해 동안 국제관광공사 총재 비서실장을 역임하면서 다양한 전문적 경험을 쌓았습니다. 미국 로스앤젤레스에서는 코리아타운번영회를 창설하여 초대 창립회장을 지냈고 한국의 날 축제 창시자로 회장을 지냈으며 미국국회 하원 제31지구 커미셔너로서 로스앤젤레스 경찰국의 아시아계 미국인 커뮤니티 포럼의 멤버이기도 하였습니다. 공중도덕 정신과 시민 정신으로 무장된 김진형 씨는 지역사회 문제에 대하여 매우 적극적입니다. 그는 카슨시의 자매도시 위원회에 멤버로 참여하고 있으며 로스앤젤레스 카운티 정부의 노인복지국의 커미셔너로도 활동하고 있습니다. 그뿐 아니라 로스앤젤레스 경찰국 허가담당 커미셔너로도 활약하고 있으며 대한민국 부산시의 자매도시위원으로도 활약 중이며 써니쇼핑센터의 회장이기도 하며 마이플랜 USA 회사의 고문이기도 합니다. 김진형 씨는 전문성을 가진 지역사회 봉사로 많은 상과 인정을 받았습니다.

김진형 씨는 그의 사랑스러운 아내 김은회 씨와 그의 아들 데이비드 김과 브라이안 김에게 헌신적이며 평생 그는 인내심, 확고부동함, 정직, 성실성을 보여준 데 대하여 수많은 친구들의 진심 어린 찬사를 받았습니다.

여기에 캘리포니아 주 의회 하원 허브 웨슨 주니어 의장은 이를 확인 결의합니다.

이로써 허브 웨슨 주니어 캘리포니아 주 의회 하원의장은 김진형 씨의 70회 생신날 행사가 축복되고 즐거운 생일잔치로 최상의 행운이 따르기를 빕니다.

의회 하원 결의문 2044호

2014년 7월 25일

허브 웨슨 주니어

켈리포니아 주 의회 하원의장

로스앤젤레스 카운티 정부 수장인 이본 버크 의장은 비서진 전원과 함께 촬영한 사진 여백에 모두가 짧은 축하 글을 담은 사진 액자를 존 힐 (John Hill) 비서실장을 통해 보내왔다. 그의 여비서는 LA카운티 마크가 든 모자를 갖고 와 김진형 커미셔너에게 씌워 주어 장내의 하객 모두가 박수를 보냈다. 그리고는 7, 8명의 비서진들이 '해피 버스데이 투 유(Happy Birthday to you)'를 한국어로 연습하여 연회장에서 '생일 축하합니다'를 한국어로 합창해 한인 축하객들을 깜짝 놀라게 하기도 하였다.

또한 리차드 리오단 시장 후임으로 새로 당선된 제임스 한 LA시장과 LA시의회 15명 의원들도 모두가 서명하여 만든 생일 축하장을 제임스 한 LA시장의 알렉스 김 비서관을 통하여 보내왔다. 존 페라로 LA시의장은 2001년에 췌장암으로 별세한 뒤였지만 유임된 시의원들이 대부분이어서 그들 모두가 고희연을 축하해 주었다.

LA시장 비서관 알렉스 김이 축하의 말씀과 함께
축하장을 전달하고 있다.

LA카운티 정부 수장인 이본 버어크 의장과 그녀의
전 비서진이 함께 촬영한 사진 여백에 김진형
커미셔너의 칠순 축하의 글을 써서 보내왔다.

김진형의 두 아들인 데이비드와 브라이언 형제가
김박사의 고희 잔치에서 하객들을 안내하고 있다.

고희연에 참석한 LA 카운티 정부 비서진들이 우리말로
"생일축하 합니다"를 합창해 김진형 커미셔너 부부는
물론 5백여 하객을 깜짝 놀라게 했다.

특별한 하객, 동양인 최초의 캡틴
폴 김(Capt. Paul Kim)

LAPD 캡틴 폴 김(Capt. Paul Kim)은 김진형에게는 특별한 하객이었다. LAPD 역
사상 최초의 동양인 경찰서장인 캡틴(한국의 총경 계급)으로 승진한 사람인데 그
는 LA경찰 루테난(Lieutenant - 한국 경찰의 경위 또는 경감급) 계급일 때 캡틴

(Captain 한국의 경찰서장급)으로 진급하기 위한 필기시험에서는 항상 100점을 맞는데도 불구하고 인터뷰 심사에서 항상 낙방하였다. 1999년까지만 해도 LAPD 경찰에서 동양인이 캡틴으로 승진한 예는 한 번도 없었다. 이에 김진형 LAPD 커미셔너는 존 페라로 LA시의장실을 찾아가서 LAPD에서 캡틴으로 승진한 동양인 경찰관이 한 사람도 없다는 게 말이 되느냐고 따졌다. 폴 김은 필기시험에는 항상 100점을 맞아도 인터뷰에서 항상 떨어지니 어느 동양인 청년이 희망도 없는 LAPD 경찰에 지원하겠냐며 지금은 LA시에 동양인 인구가 많이 모여 살고 있으니 동양인 캡틴도 나오고 경무관도 배출해야 한다고 역설하였다.

LA시에서는 시장보다도 시의장의 파워가 더 세다고 말할 수 있다. 왜냐하면 LA시장은 LA시의회가 어떤 안건이라도 부결하면 하고 싶은 일을 할 수가 없는 시스템이다. 한 예를 들자면 1992년 4.29 폭동 때 톰 브래들리 LA시장은 당시 LAPD 경찰국장인 데릴 게이츠(Daryl Gates) 국장을 폭동 진압 실패의 책임을 묻고 파면 조치하였는데 5일 만에 LA시의회가 소집되어 LA시의원 3분의2 이상의 가결로 데릴 게이츠 경찰국장을 다시 원대복귀 시켜 브래들리 시장이 무안을 당한 일이 있다. 이렇듯 LA시의회의 파워는 LA시장 권한 위의 막강한 권력기관이다.

존 페라로 LA시의장은 김진형 앞에서 즉석에서 전화기를 들더니 LAPD 윌리 윌리엄스 국장에게 전화를 걸어 LAPD에 지금까지 동양인이 캡틴으로 승진한 사람이 있었는가를 조사하여 보고하라고 지시하였다. 이런 일이 있어서 그랬는지 모르지만 루테난 폴 김(Paul Kim)은 이듬해에 LAPD 캡틴으로 승진하였다. 그는 김진형 커미셔너의 칠순연을 어떻게 알았는지 하객으로 와서 자청하여 단에 올라 축사로 "진 킴 넘버 원!" 하고 장내가 떠나갈 듯 큰 소리를 지르고 내려와 연회장을 웃음바다로 만들었다. 그는 후일 별 하나 계급인 한국의 경무관급(Commander라 칭함)으로도 승진하고 은퇴하였다.

LA 삼일당 화랑에서
청계 서석초대전(靑溪 書石招待展)

1984년 2월 초 LA코리아타운 8가에 있는 삼일당 화랑 주인인 견 여사로부터 서예와 수석의 초대전을 개최하자는 연락이 왔다. 김진형은 청계(靑溪)란 아호로 LA한인축제에서 제1회부터 매해 서예전을 개최해왔다. LA한인서예가협회 회원으로 활약하였고 후일 LA한인서예가협회 회장도 두 차례 역임했다. 원래 큰 사업가이면서 서예가이신 조부 김중섭 할아버지의 영향을 받아 고등학교 시절부터 동양 철학에 심취하여 야당 안병욱(冶堂 安秉煜) 교수의 글을 많이 탐독한 바 있다.

초대전은 1984년 4월 중순에 김진형 회장의 서예 작품과 오랫동안 채석(採石)하여 온 수석들을 전시하는 청계 서석초대전(靑溪 書石招待展)이란 이름으로 개최되었다. 그런데 어떻게 알았는지 LA타임스의 맥밀란이란 여기자가 또 한 사람의 여기자와 함께 삼일당 화랑 전시장에 와서 한참을 돌아보다가 김진형 회장과 잠깐 이

야기를 나누고 싶다고 했다.

당시 전시장 안에 있는 테이블로 안내된 두 여기자가 의자에 앉자 김진형의 아내 김명자(한국명 장명자)가 코카콜라 두 캔을 내왔다. 그러자 두 여기자는 놀란 표정을 지으며 취재 시에 대접받을 수 없다면서 사양했다. 그러면서 그냥 물이라면 받아 마실 수 있다는 것이었다. 당시만 해도 기자들에게 촌지를 주는 관행이 있던 시절이라 놀라지 않을 수 없었다. 냉수를 대접받은 맥밀란 기자는 LA Times 기자의 명함을 내놓으며 동양 사람들의 수석 채집(採集)에 대하여 알고 싶다면서 수석 이야기를 해주기를 바랐다.

채석(採石)은 그저 관상용으로 하는 사람들도 있지만 김진형은 유구한 세월 동안 비바람에 쓸리며 인간의 흥망성쇠(興亡盛衰)를 보아오며 다듬어진 석상 앞에서 고요한 이른 새벽에 명상(瞑想)에 잠기면서 돌들과 대화하고 자기 자신을 돌아보며

삼일당 화랑의 청계 서석초대전.

서예가 김진형의 휘호.

서도에 심취하고 있는 청계 김진형.

글을 쓰는 시간을 갖는다고 말하였다. 이런 대화 속에서 무엇을 느꼈는지 맥밀란 기자는 김 회장이 어떻게 해변에서 수석을 채집하는지 그 광경을 보고 싶다고 했다. 그리하여 4월 20일 금요일 아침 10시에 자택에서 만나기로 약속하고 헤어졌다.

다음의 한시(漢詩)는 김진형이 가장 좋아하여 즐겨 쓰는 당나라 시대 이태백(李太白)의 시다.

問余何事棲碧山(문여하사서벽산)

笑而不答心自閑(소이부답심자한)

桃花流水杳然去(도화유수묘연거)

別有天地非人間(별유천지비인간)

나에게 왜 벽산에 사느냐 묻기에

웃으며 대답은 안했지만 마음은 한가로웠다

저 멀리 복숭아꽃이 흘러내리는 냇가가 보이는 이곳이

잡다한 인간 세상이 아닌 무릉도원과 같은 낙원이다

왼쪽 페이지 서예 작품 '北伐(북벌)'은 김일성의 포악한 정권 아래 신음하다가 6·25전쟁으로 북상한 국군과 UN군의 뒤를 따라 피난민 대열에 끼여 남하한 김진형이 북한 공산당에 대한 적개심을 표현한 작품이다. 김진형의 조부와 부친은 김일성이 평양에 입성하자 부르주아(Bourgeois)라는 죄명으로 가산을 모두 몰수당하여 갑자기 어려운 삶을 살았다.

미주서예가협회의 김진형 회장이 제16회 한국의날 서도대회에서 개회사를 하고 있다(1993년).

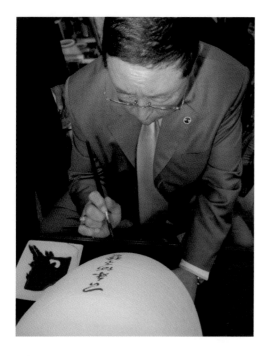

도예가 열우 김기순 선생의 도예실에서
분청 항아리에 이태백의 시를 쓰고 있다.

서울 전시도 대성황

서울의 동방플라자 건물이 새로 건립되었을 때였다. 김진형의 친지였던 한국 공군 정훈국장을 지낸 김기점 예비역 대령의 주선으로 동방플라자 미술전시관에서 1985년 6월에 김진형 서예수석전시회가 개최되었다. 당시 야당 당수였던 김영삼 총재를 비롯하여 백낙준 전 국무총리, 조영식 경희대 총장, 그리고 박긍식 과기처장관 등 많은 저명인사가 하객으로 와 주셨다.

김진형은 자신이 생각해도 어떻게 그 바쁜 생활을 하면서 이렇게 부지런하게 취미생활을 활발하게 하였는지 스스로 놀랍다. 회사 일을 아내가 열심히 해주었기에 가능한 일이었다. 아내는 두 아들의 교육도 도맡아 큰아들은 우주과학자로, 둘째 아

청계 김진형의 서울 초대전을 관람한 김영삼 당시 야당 당수가 방명록에 격려의 글을 남기고 있다.
김진형 회장 우측은 황명수 전 국회의원.

들은 미국의 법관으로 만들었다. 먼저 간암으로 별세
하였지만 아내에 대한 고마움은 지금도 마음속에
늘 간직하고 있다. 아내의 뒷바라지가 없었다면
오늘의 김진형이 있었을 리 만무다.

한편 김진형은 1990년부터 수년간 남가
주서예가협회의 회장직을 겸임했다. 한국에
서 서예 활동하던 분들이 서예가협회를 조직
하고 서예 활동으로 소일하며 서예전도 개최하
였는데 김진형에게도 서예 작품을 출품해 달라고
여러 번 요청하여 그분들을 돕는 뜻에서 출품하기도

하고 어려운 일이 있을 때는 돕기도 하였다. 그런데 거의 강제
로 회장직을 떠맡겨 어르신들을 모시는 뜻에서 몇 년간 맡았
다가 1993년에 LA시정부에서 갑자기 LA시 경찰국의 허가담
당 커미셔너로 임명하고 LA카운티 정부에서는 노인복지국 커
미셔너로 임명하는 바람에 다른 분에게 회장직을 넘겨주었다.

서울 동방플라자 건물
외벽에 걸린 청계
김진형 서예 수석전시회
현수막.

김영삼 야당 대표가
황명수 국회의원과 함께
전시를 둘러보고 있다.

LA타임스에서도 전시 취재

김진형은 문과대학을 졸업하고 조용히 혼자서 글쓰기를 좋아하였다. 수석을 전시해 놓은 방에서는 유구(悠久)한 인류의 역사를 겪어 오면서 기이하게 변모해 온 수석들을 바라보며 사색하기를 좋아해서 그 방에 놓인 책상에서는 항상 일기를 쓰며 그 날의 일을 돌아보곤 하였다.

　　LA타임스 맥밀란 기자와 약속한 날이 왔다. 아침 10시 정각에 두 여기자는 카메라와 장비들을 가지고 팔로스 버디스(Palos Verdes)의 바닷가에 위치한 김진형 회장의 집을 찾아 왔다. 그들은 수석을 전시해 놓은 방으로 안내되자마자 여러 장의 사진을 찍기 시작하였다. 그리고는 이 수석들을 수집한 이유와 더불어 다양한 질문을 던졌다. 맥밀란 기자를 따라 온 여기자는 연상 사진을 찍어댔다. 이윽고 김진형 부부가 수석 수집 차비를 하고 바닷가로 차를 타고 떠나자 LA타임스 여기자들도 김진형 부부의 뒤를 따라서 차를 몰아 바닷가로 내려갔다.

　　그날 바닷가에서 김진형 부부가 돌을 들었다 놓았다 하는 사진을 여러 장 찍었다. 그러나 마음에 드는 수석은 한 점도 찾지 못하여 그냥 빈손으로 돌아올 수밖에 없었다. 맥밀란 기자는 이렇게 빈손으로 오는 날도 있느냐고 물었다. 김진형 부부가 보통은 빈손으로 돌아오는 날이 많다고 하자 서운하지 않냐고 다시 물었다. 우리 부부는 채석하며 걷는 것이 운동도 되고 마음을 수양하는 시간으로도 여긴다고 대답하였다. 채석은 그리 쉬운 것이 아니고 빈손으로 돌아오는 날이 대부분이라고 말해 주었다.

　　그 일이 있고 나서 3일 후인 월요일, 1984년 4월 23일의 LA타임스 사회면 메트로 판 전면과 다음 장 2면에는 김진형의 수석 이야기가 대서특필되었다. 그날 미국 친구들과 미국 정치인들로부터 줄을 잇듯이 전화가 걸려 왔다. 그런데 한인들은 한

LA타임즈 기사.

캘리포니아 주립 산업과학박물관 초대전. 김진형이 '피카소'라 명명한 수석을 미국 어린이들이 신기하게 보고 있다.

사람도 전화를 걸어오는 이가 없었다. 그만큼 LA타임스를 구독하는 한인이 없었던 것 같다.

LA타임스 기사가 나오자 캘리포니아 주립 산업과학박물관에서 연락이 왔다. 김진형 서석 초대전을 개최하고 싶다는 것이었다. 김진형은 삼일당에서 서석전이 끝나자마자 모든 작품을 캘리포니아 주립 산업과학박물관으로 그대로 옮겨 1개월간 전시하였다. 이 전시회에는 LA타임스의 기사 탓인지 놀랍게도 장재민 LA한국일보 미주 본사 회장이 스텝들과 함께 와주었다. 이리하여 장재민 회장과는 잠깐 사이좋은 분위기를 연출하였으나 코리안 퍼레이드의 수익금에 관한 결산 처리에 무조건 함구하는 태도로 인하여 두 사람 사이는 다시 격화되곤 하였다.

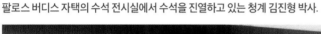

팔로스 버디스 자택의 수석 전시실에서 수석을 진열하고 있는 청계 김진형 박사.

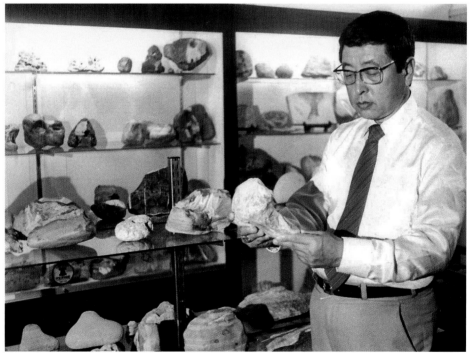

나의 사랑 나의 가족

아내 김명자를 생각하면 지금도 가슴이 아프다. 남편을 따라서 고국을 떠나 낯선 미국 땅에서 동포들을 위하여 애국 애족한다고 밖으로만 바쁘게 다니는 남편을 대신하여 가정을 꾸리고 두 아들을 돌보느라 힘이 들었을 것이다. 더구나 대의를 위하여 열심히 일한다고 정신적으로나 물질적으로 혼신의 힘을 다하면서도 일부 계층에서 험담을 듣고 시달리는 남편을 보면서 얼마나 속상하고 스트레스를 받았을까 생각하면 미안하기 그지없다. 그래도 성품이 너그럽고 대범하며 사업적인 수완도 좋아서 항상 든든한 버팀목이 되어주었다. 그런 아내가 간암으로 투병하다가 1994년에 별세하였다. 애국 애족하는 남편의 마음을 헤아리고 집안의 돈을 없애는 일만 하는 남편의 뒷바라지를 묵묵히 참아내면서 내조한 아내가 59세의 젊은 나이로 세상을 하

부인 고 김명자 여사 (1994년 별세).
왼쪽 페이지 사진은 부인과 두 아들과 찍은 가족 사진.

하관 예식은 황성수 목사님의 집례로 이루어졌다.
하늘도 슬펐는지 비가 내렸다.

직한 것이다.

참으로 황망했다. 1994년은 코리아타운이 형성된 지 14년이 되어 스스로 왕성하게 번창할 때였고 코리안 축제와 퍼레이드도 벌써 20회를 맞이하면서 운영상의 내적인 갈등은 여전할지라도 행사 자체는 화려하고 성대하게 거행되어 LA 한인행사의 꽃으로 자리 잡은 시기였다. 미국에 발을 디딘 지 26년, 그동안 하고자 하는 커다란 꿈도 이뤘고 1993년에는 LA시 경찰국 허가담당 커미셔너로 임명되고 동시에 LA 카운티 정부의 노인복지국 커미셔너로 임명되는 등, 보람을 느끼기 시작하던 때였는데 그만 사랑하는 아내를 잃고 말았다. 다행히 조용하게 한인사회를 위해 애쓴 아내의 수고를 잘 아는 많은 분들이 장례식에 참석하여 큰 위로가 되었다. 특히 LA의 미국인 고위 정치가들이 많이 참석하여 위로하며 깊은 우정을 보여주었다.

리오단 시장의 애도 서한 번역

　　단비 김명자 여사를 추모하면서

단비 김명자 여사의 가족과 지인들에게 깊은 애도를 표합니다.

이 슬픔의 시간을 이겨낼 수 있는 힘을 갖기를 바라며 그녀를 알고 사랑했던 모든 사람들의 기도와 축복 속에서 위로를 찾을 수 있기를 바랍니다.

　　단비 김명자 여사의 죽음은 그녀의 사랑하는 남편 김진형 씨와 사랑하는 아들 데이비드 김, 브라이안 김, 브라이안의 부인 그레이스 김, 그리고 손자인 매튜 김과 그녀를 사랑했던 수많은 친척과 친구들, 그녀를 알고 지내던 모든 사람들에게 큰 손실입니다. 그녀의 삶에서의 헌신과 모든 사람들에 대한 배려는 모두가 따라야 할 그녀의 유산입니다. 그녀는 우리 모두에게 그리움이 될 것입니다. 단비 김명자 여사의 가족과 사랑하는 많은 사람들에게 나의 개인적인 애도를 표합니다.

　　리차드 리오단 로스앤젤리스시 시장

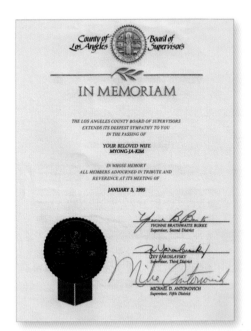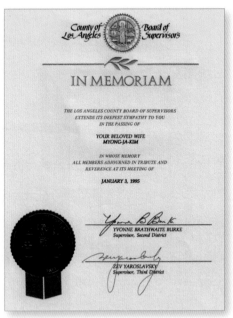

각계 인사들이 김명자를 추모하는 애도의 서한을 보내왔다.

두 아들이 멀리 독립하여 떨어져 살았기에 아내를 먼저 보내고 나날이 쓸쓸하게 지내자 주위에서 재혼하라는 권유가 많이 들어왔다. 큰아들은 독신주의자로 미국 공군에서 민간인 우주과학자로 일하고 있고 작은아들은 미국 동부 매릴랜드 주

손자 매튜(Matthew) 김(김준성)은 현재 미국 동부 워싱턴 DC에서 변호사로 활약하고 있다.

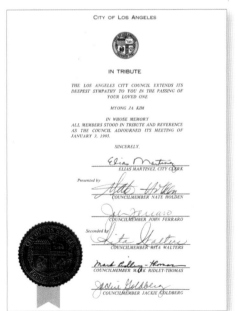

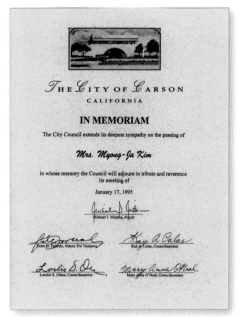

1998년 6월 23일 김은회 여사와 재혼하여 가족들과 함께 기념촬영.
그러나 김 여사도 병마를 이기지 못하고 2011년 말에 별세했다.

검찰청 검사(후일 판사가 됨)로 재직하고 있었다. 두 아들들도 홀로 된 부친이 걱정거리여서 재혼을 권했고 여러 곳에서 중매가 들어 왔다. 그러나 세상 떠난 아내를 잊지 못하고 외로이 지내던 중 당시 생존해 계시던 모친께서 김은회 여사와 재혼할 것을 권유하였다. 결국 노모의 청을 뿌리치지 못하여 아내가 세상을 떠난 지 4년이 지난 1998년에 재혼하였다.

LA 한인사회와 미국 정가에서 잘 알려진 사람이어서 재혼을 숨기고 할 수 없어 당시 한인들에게 잘 알려진 래디슨 윌셔호텔(Radisson Wilshire Hotel)에서 많은 미국인 정치인들과 한인 친지 하객들이 참례한 가운데 성대한 결혼식을 거행하였다. 김진형은 미국식으로 결혼식을 올리면서 주례는 LA카운티 정부 소속의 도널드 쟈만(Rev. Donald Jarman) 목사님을 모셨고 들러리(Best man)는 당시 캘리포니아주 하원의 허브 웨슨(Herb Wesson) 의원을 세웠다. 허브 웨슨은 네이트 홀든 LA

시의원의 비서실장으로 일할 때부터 각별히 친하게 지내는 사이여서 부담 없이 들러리를 서 준 것이다. 그 이후 LA코리아타운 행사가 있을 때 축사하러 오면 서두에 '김진형 회장이 재혼할 때 내가 들러리를 섰다'는 말을 웃으면서 꺼내 한인사회와 친밀하다는 표시를 하곤 하였다.

그러나 재혼한 아내도 2011년 말에 대장암으로 별세하고 말았다. 재혼한 아내가 세상을 떠나자 아내가 남긴 유산 때문에 아내의 아들과 지금까지도 법적 갈등이 계속되고 있어 마음이 괴롭다. 아내가 자신의 큰 재산을 사회복지재단에 기증한다는 친필 유서를 남긴 것이 화근이 된 것이다. 이제는 나이 90이 되어 모든 것을 정리할 시점이다. 그런데 재혼한 아내마저 잃고 혼자 사는 아버지가 못내 마음에 걸린 모양이다. 둘째 아들이 판사를 그만두고 메릴랜드주에서 LA 북쪽에 있는 대학교 (California Health Science University)의 초빙을 받아 부총장으로 직장을 옮겨왔다. 독신주의자인 장남 김기현(David Kim)은 우주항공 엔지니어(Senior Project Leader of Aero Space Corp.)로 40년을 근속한 후 혈액암을 진단받아 최근에 은퇴했다. 둘째 아들 김국현 (Brian Kim, JD)의 아내인 며느리 김영화(Grace Kim, JD)는 미 연방정부 검찰청 검사로, 손자 김준성(Matthew Kim, JD)도 2023년 현재 미국 동부 워싱턴 DC에서 변호사로 활약하는 등 둘째의 가족은 모두 법을 전공한 가족이다. 이만하면 가정적으로 행복한 노인이라는 생각을 하며 먼저 떠난 아내에게 그리고 하느님에게 감사한다.

미 공군 우주센터에서 프로젝트에 관하여 논의하고 있는 큰아들.

둘째 아들 김국현 판사의 취임 연설 (2002년).

미 공군우주센터에서
Cobra Rescue Operation Plan을
완성해 국무성으로부터 상을 받는
큰아들을 축하하는 김진형 회장
(2001년).

작은 아들 김국현 판사의
바이올린 독주.

김진형 회장의 부친 고 김찬성 씨.

김진형 회장의 모친 고 김춘훈 권사.

김진형 회장 자택에 모인 6남매.

김진형 회장의 6남매가 어머님 김춘훈 여사를 모시고.

김진형 회장의 가족.

한서대학교에서 명예행정학 박사 학위 받아

충청남도 서산에 있는 한서대학교의 미국 롱비치(Long Beach)분교 학장으로 재임하고 있던 한갑수 박사가 한국의 한서대학교 학생들의 미국 연수 프로그램 지원 등을 요청하기에 도와주었다.

여객기가 이착륙할 수 있는 비행장을 소유하고 있는 한서대학교는 동양권에서는 으뜸가는 항공 교육 시설을 완비한 학교로서 항공기 조종사, 스튜어디스, 정비사 등 갖가지 항공 교육을 실시하는 항공대학이 있다. 그래서 동남아 국가들에서 많은 조종사 지망생들이 유학하고 재학생수가 8천여 명이 되는 대단히 규모가 큰 종합대학교이다. 하지만 조종사들이 영어로 관제탑들과 교신하는 일 등을 실습하기 위하여 비행 학교들이 많이 결집해 있는 롱비치 시(City of Long Beach)에 연수생들을 보내 실습시키는 일이 필수 과제였다.

롱비치 시는 LA카운티 정부 산하에 있는 88개 도시 중의 하나여서 김진형 회장이 속한 LA카운티 정부의 영향력이 미치는 도시다. 한갑수 한서대 분교 학장은 어려운 일이 생기면 김진형 회장에게 연락했고 법에 저촉되는 일이 아닌 행정적인 일이라면 신속하게 해결할 수 있도록 항상 도와주곤 하였다. 2003년에는 변호사이면서 한서대학교 롱비치분교의 학장인 한갑수 박사의 안내로 분교를 방문 중인 한서대학교 함기선 총장을 만나게 되었다.

그리고 2005년에 다시 만났을 때, 함기선 총장은 수년간 한서대학교 롱비치의 일을 도와준 김진형 회장에게 미국 속에서 LA에 코리아타운을 세우고 코리안 축제와 퍼레이드를 창시하여 한인의 위상을 과시하는데 젊음을 바친 공덕에 깊은 감명을 받았다면서 한서대학교 후기 졸업식에서 명예행정학 박사 학위 수여자 후보에 이름을 올렸다는 소식을 전해왔다. 너무나 뜻밖의 일이었다. 명예박사를 떠나서 무엇

2006년 8월 25일 모국을 방문해 한서대학교에서 명예행정학 박사 학위를 받았다.

김진형 노인복지국 커미셔너의 명예행정학 박사 학위 취득을 축하하기 위해 LA카운티정부를
대표해 한국을 방문해 축하장을 전달하는 존 힐 의장 비서실장.

보다 젊은 시절 모든 것을 바쳐 이루었던 일을 알아주는 이가 있다는 것 자체가 너무
나 감격스러운 일이었다.

　　한서대학교에서는 2005학년도 명예박사 학위 수여자 결정 회의에서 학위 수여
자로 지명이 되었다는 소식을 바로 전해왔다. 한서대학교의 명예박사 학위 수여자의
명단을 살펴보니 주로 외국의 대통령, 총리, 국회의장 등 한국과 외국의 최고위급 정
치인들이나 사회적으로 정말 이름 있는 저명인사들이 줄을 이었는데 부족한 사람이
박사 학위를 받는다는 사실이 미안하고 너무나 송구스럽고 황송한 마음이 들었다.
2006년 8월 25일 한서대학교의 초청을 받고 차남인 브라이안 김 판사(Judge Brian

Kim-한국명: 김국현)를 대동하고 본국에 오랜만에 나가 한서대학교 후기 졸업식에서 명예행정학 박사 학위를 받았다. 73세 때의 일이다. 당시 고령이기도 하고 모든 일에서 은퇴를 결심하였으나 LA카운티 정부에서는 노인복지국 커미셔너를 계속 맡을 것을 요청하여 오직 그 직분만을 남기고 모두 은퇴하던 때였다.

김진형의 명예행정학 박사 학위 취득을 보도한 충남일보 2006년 8월 28일자 지면.

김진형 명예행정학박사학위 수여

한서대, 교민회 창설·재미교포 사회적 지위·복지 향상주력

한서대학교는 지난 25일, 2005학년도 후기 졸업식에서 김진형 미국 LA 코리아타운 명예회장에 명예행정학박사학위를 수여했다. 함기선 총장은 학위 수여식에서 "김 회장이 지난 1970년대 초, 미 LA 에 코리아타운 교민회를 창설하고 초대 회장으로 '한국의 날 축제 퍼레이드'를 기획, 실시했다.

또 대한체육회 재미 회장 등을 역임하면서 재미 교포의 사회적 지위와 복지 향상에 주력하는 한편 부산과 LA간의 자매결연 등을 통해 양국 우호증진에 크게 기여한 공로로 명예박사학위를 수여한다"고 밝혔다.

/서산 = 가금현 기자

지난 25일 한서대학교는 2005학년도 후기 졸업식에서 김진형 미국 LA 코리아타운 명예회장에 명예행정학박사학위를 수여했다.

한서대학교 박물관에 '김진형 전시실' 개관

한서대학교에서는 고령이 된 김진형 박사의 기록물이 더 나이가 들면 유실될 염려가 있으니 미국에서 코리아타운을 형성할 때의 모든 자료와 LA한국의 날 축제 창시 때의 기록물과 사진, 미국 정부로부터 받은 표창장 등의 자료들이 앞으로 코리아타운 형성의 역사적 연구 가치가 있을 것이라고 강조하면서 소장하고 있는 모든 것을 한서대에 기부하여 준다면 한서대학교 박물관에 잘 진열하여 영구 보존할 뜻을 전해왔다. 그 뜻이 고마워서 코리아타운 형성과정에서 보관하고 있던 모든 자료들과 미국

한서대학교 박물관의 김진형 박사 기념전시실.

정부와 각 기관에서 받은 100여 점의 상장과 상패 등과 함께 평생을 수집한 미술품과 화폐 등을 모두 한서대학교 박물관에 보냈다.

그 당시 70살이 넘은 김진형 박사는 유명 화가의 그림과 도자기들, 옛 금화, 은전, 동전 그리고 옛 우표들 그리고 미국 정부기관에서 받은 수많은 상장과 한국 지자체장들로부터 받은 상장 상패 등 평생을 수집해온 물품이지만 저세상으로 갈 때 갖고 갈 수 없다는 것을 느끼고 있었다. 값진 물품들이라 슬하의 두 아들과 상의하니 자신들에게 유산으로 주는 것보다는 한서대학교의 박물관에 기증하는 것이 더 뜻있는 일이라 말하여 가벼운 마음으로 모든 것을 한서대에 보낼 수 있었다. 박물관에

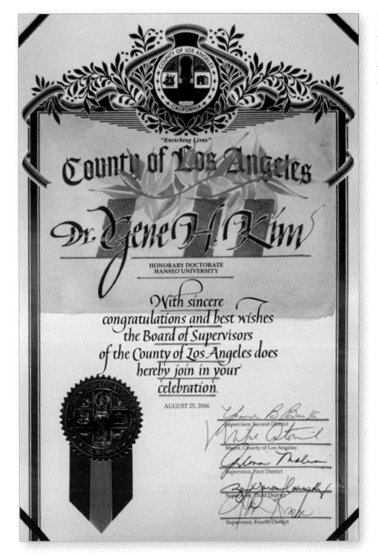

김진형 박사 전시실
개장을 기념하여
LA시장과 LA시의장이
공동 서명한 LA시정부의
축하장.

기증한 물건들이 수백 점에 이르자 한서대 박물관에서는 함기선 총장과 상의하여
박물관 내에 김진형 박사 전시실을 따로 장만하기로 결정하였다. 후에 들은 이야기
이지만 한서대 박물관에서는 김진형 박사 전시실을 설치하는데 많은 예산을 들였다
고 한다.

　한편 18년간이나 LA카운티 정부에서 노인복지 커미셔너로 봉직(奉職)한 김진

형 커미셔너를 축하해주기 위하여 LA카운티 정부 5개 지역구의 수퍼바이저위원회 (Board of Supervisors) 5명 전원이 명예행정학 박사 학위 수여 축하장을 만들어 이본 버어크 의장의 존 힐 비서실장을 한국에 직접 보냈다. 그는 한서대학교 2005학년도 후기 졸업식장에서 직접 LA카운티 정부를 대표하여 김진형 명예박사 학위 수수 축하장과 LA카운티 정부의 축하의 말씀을 전했다.

축하장 번역문
로스앤젤레스 카운티 정부 수퍼바이저위원회는 2006년 8월25일에 한서대학교가 김진형 명예박사 학위를 수여하게 됨을 진심으로 축하합니다. (수퍼바이저 5명 전원의 서명)

또한 김진형은 허브 웨슨 LA시의장에게 한서대학교 박물관 안에 설치된 김진형 명예행정학 박사의 전시실에 LA코리아타운 입구 교차로 광장에 세워진 '김진형 박사 광장(Doctor Gene Kim Square)'이란 푯말을 복사해서 전시하고 싶다는 뜻을 전했다. LA시의회의 허브 웨슨 시의장은 김진형의 요청을 쾌히 승락하고 'Koreatown(코리아타운)'이란 표지판과 'Doctor Gene Kim Square(김진형 박사 광장)'란 푯말의 복사본을 서둘러 만들어 한서대 박물관의 '김진형 박사 전시실'에 전시하라며 전해 주었다.

전신주에 달린 이 푯말들은 그냥 보기에는 작아 보였지만 막상 이 복사본들을 받고 보니 생각보다 크기도 하였거니와 금속판이어서 대단히 무거웠다. 김진형은 일부러 일정을 만들어 한국으로 직접 갖고 가서 한서대학교 박물관에 기증하였다. 한서대학교 박물관 관장은 이 푯말들을 김진형 박사 전시실 입구에 철골 스탠드를 제작하여 잘 소장하고 있다.

한서대학교 김진형 박사 기념전시실에 전시된 코리아타운 푯말과 각종 기증품.

한서대학교 박물관 내 김진형 박사 기념전시실에서.

　김진형은 한인사회를 위해 일하다가 억울한 일을 당하거나 어려운 고비가 생길 때면 마음속으로 자화자찬하며 위로를 삼는 것으로 넘기곤 했다. 김진형이 미국 서부의 관문인 로스앤젤레스시에 최초의 코리아타운을, 단 8년이란 짧은 기간에 만들어 코리안 커뮤니티를 탄생시킨 것은 미국 속에 한국의 거점을 만든 위대한 작품이었다고 자화자찬한다.

　이 일을 이루어 내자 미국 정가에서는 김진형이 코리안 커뮤니티의 리더라고 생각하고 여기저기서 마구 불러내기 시작하였다. 김진형은 결국 미국 사회에 불려가 LAPD 경찰국의 허가담당 커미셔너로 13년간 그리고 LA카운티 노인복지국 커미셔너로 차출(差出)되어 18년간이란 오랜 세월 봉직하였다. 그밖에 크고 작은 일에서 항상 불림을 받았고 기꺼이 최선을 다했다.

한서대학교 박물관장 위광철 박사와 함께.

이제 어느덧 아흔의 나이가 되니 그동안 가슴에 품고 있던 이야기를 남기고 싶
은 생각이 간절하여 글을 쓰기 시작했다. 한 권의 책으로 엮기에는 90년 삶이 너무
나 파란만장하고 우여곡절이 많았지만 주로 해외 이민사에 자료적인 가치가 될 만
한 일들을 중심으로 정확한 내용을 남기고자 노력했다.

1968년, 미국에 처음 발을 디딘 후 55년의 세월이 흐르면서 LA 한인사회는 놀라
울 만큼 변모했다. 아울러 반세기에 걸친 나의 이야기가 우리 후손들에게 LA 한인사
회의 발자취를 알고 이해하는 데에 조금이라도 도움이 된다면 나의 노력이 헛되지 않
았음에 큰 보람을 느낄 것 같다.

에필로그

해외 이민사에 귀중한 자료가 될 것

이 글을 처음 접했을 때 떠오른 단어가 '간절함'이었다. 사람이 한평생을 살면서 간절한 꿈을 꾸고 그것을 이루고자 간절하게 노력했다면, 그리하여 마침내 그 꿈을 성취했다면 그보다 더 아름답고 가치 있는 일이 있을까? 김진형 회장의 자전적 이야기를 읽으면서 한 사람이 한평생을 보내며 어떻게 이렇게 많은 일을 할 수 있을까 놀라울 따름이었다.

1968년에 30대 중반의 나이로 미국에 공부하러 온 한 가정의 가장이 당시 어려운 상황에 있던 LA 이민 동포들의 실상을 접하면서 그 해결책으로 〈코리아타운〉을 구상하고 그 목표를 이루기 위해 무려 8년 동안 문제를 하나씩 풀어나가는 과정과 마침내 그것을 이루어낸 클라이맥스는 마치 한 편의 영화를 보듯이 역동적이고 감동적이다.

유학생 신분으로 〈코리아타운〉이라는 거창한 꿈을 세웠다는 사실도 놀랍지만 그것을 이루기 위해 먼저 한글 간판 달기 운동을 통해 그가 속으로 점 찍어 놓은 코리아타운 후보 지역에 한국적인 분위기를 조성하고, LA시에서 〈코리아타운〉을 공인받기 위해 LA 정치인과 관료들에게 한국이란 나라를 인지시키는 묘안으로 〈코리안 축제〉와 〈코리안 퍼레이드〉를 기획하여 한인의 숫자의 힘을 과시하고, 한편으로는 관련 정치인들의 후원회를 조직해 실질적으로 그들을 도와주는 행보는 마치 바둑의 수 싸움처럼 치밀하고 철저하여 감탄하지 않을 수 없다.

특히 그가 그의 시간과 자비를 들여가며 이 어려운 일들을 추진해나갈 때 도움은커녕 앞을 내다볼 줄 모르고 반대만 일삼고 훼방을 놓는 기득권 세력에게 좌절하지 않고 뚝심 있게 밀어붙이며 하나씩 그 성과를 눈앞에 보여주는 용기는 가슴 벅차게 한다. 1970년대 당시 LA의 한인 단체 지도자들이나 한인 언론단체 등에서는 되지도 않을 어림도 없는 일을 꾸미는 돈키호테로 치부되고 도외시 당해도 꺾일 줄 모르는 신념으로 기어이 이를 이겨내며 젊은 기개를 보여준 자세는 오늘의 젊은이들에게도 귀감이 될 것이다.

1933년생인 저자는 만 90살이 넘었다. 평양에서 태어나 6·25 전쟁이 일어나자 17살에 부산으로 피난 온 후 서울에서 산 기간까지 모두 30년, 국제관광공사 도쿄 주재원으로 일본에서 5년, 그리고 미국에서 지금까지 55년을 살았다. 그의 일생을 미국에 오기 전 35년과 미국에 온 이후 55년으로 나눌 수 있는데, 평양, 부산, 서울 그리고 도쿄에서 고생하고 배우며 경험한 35년은 미국에 건너와 한인 동포들을 위해 헌신하는 자양분이 되었다.

저자가 온갖 어려움을 헤치고 결국에 〈코리아타운〉 형성이라는 목표를 이루었을 때 미국인 주류사회에서 그를 '빅엉클'이라 부르며 존경과 사랑을 보내는 장면에서는 뿌듯함과 동시에 안타까움을 느껴야 했다. 왜 우리의 기득권 세력은 한 사람이 훌륭한 뜻을 세우고 공의롭고 성실하게 노력할 때 미국인들처럼 순수하게 인정하고 존중해주지 못하고 편협하고 인색할까 하는 안타까움 말이다.

저자가 1972년 12월 8일에 〈코리아타운〉을 형성하겠다고 발표한 지 정확히 8년 만에 공교롭게도 바로 같은 날짜인 1980년 12월 8일에 LA시에서는 시의회의 만장일치로 코리아타운을 공식적으로 공표하고 그 몇 달 후에는 저자가 선정한 지역의 거리에 〈KOREATOWN〉이라는 현판을 달았다. 그리고 그로부터 38년이 지나

2018년에는 LA시정부가 바로 그날 12월 8일을 〈코리아타운 데이〉로 제정하는 동의안을 만장일치로 통과시켰다. 이 길고 지난한 과정에 항상 김진형이라는 '빅엉클'이 있었다.

이 책에서는 평생을 한인 동포사회를 위하여 헌신해온 저자가 그동안 해온 일, 그 과정에서 기쁘고 섭섭했던 일을 증빙자료와 함께 솔직하게 서술하였다. 따라서 이 책이 우리의 미국 이민사에 정확하고 가치 있는 자료가 될 것이라고 믿는다. 또한 재외동포사를 연구하고 기술하는 학자들에게 LA에 〈코리아타운〉이 어떻게 하여 만들어질 수 있었는가를 알려주는 한편, 기존에 잘못 기술된 재외동포사의 오류를 바로잡는 계기가 되기를 희망한다. 그리고 더 나아가 아카이브로서 가치뿐 아니라 일생을 살아가면서 어떤 마음가짐으로 어떻게 살아야 하는가에 대한 귀중한 깨달음을 얻기를 바란다.

이 책을 통하여 나는 한 사람의 거인을 만났다. 아마 독자 여러분에게도 깊고 큰 울림이 있을 것이라 믿는다.

도서출판 윤진 발행인 윤세영

미국 LA에서 코리안 축제와 코리안 퍼레이드 창설, 코리아타운 형성 등으로 한인사회에 봉사와
헌신을 다한 김진형 박사. LA시는 그의 봉사와 헌신에 대한 보답으로 "김진형 박사 광장"을 명명하고
현판을 걸었다. 2023년, 아흔이 된 김진형 박사가 자신의 이름이 걸린 현판 아래에서 미국에서의
지난 55년을 회상하고 있다. 사진 강형원

LA코리아타운의 역사
미국 LA 코리아타운 창시자 김진형 박사의 증언

저자 _ 김진형ⓒ
초판 1쇄 발행 _ 2024년 2월 15일
발행처 _ 도서출판 윤진
주소 _ 서울 종로구 삼일대로461 SK허브 101-922
전화 _ 02-732-0815
이메일 _ majung815@naver.com
출판등록 2015년 3월 11일
등록번호 제300-2015-41
기획 진행 _ 윤세영 진현옥
편집디자인 _ 조의환
인쇄 제작 _ 삼아인쇄
값 _ 20,000원

ISBN 979-11-90985-13-0